Martin Wedgwood

SOLUTION FOCUS

ÜBER DAS BUCH

Wir gehen davon aus, dass wir ein Problem verstehen müssen, um es lösen zu können. Wir sind überzeugt, wir müssten nur genug Zeit damit verbringen, Hypothesen zu bilden, nach Ursachen zu forschen und das Problem bis ins kleinste Detail zu erkunden, damit sich etwas verändert.

Doch häufig ändert sich wenig und wir geraten in die Sackgasse der Problemhypnose: Je länger wir uns mit dem Problem beschäftigen, umso größer wird es und umso weniger gelingt es uns, dieses zu lösen.

Mit dem lösungsorientierten Selbstcoaching-Ansatz, über welchen Martin Wedgwood hier alltagstauglich und lebensnah schreibt, lernen Sie eine andere, einfach anzuwendende Möglichkeit kennen, mit Problemen und Herausforderungen umzugehen. Die konkrete Methodik im Fokus, gelingt es dem Autor, das Praktische und Nützliche des lösungsorientierten Ansatzes in einen größeren, existenziellen Zusammenhang einzuordnen. Und er tut dies mit viel Witz und Sprachgefühl.

Lassen Sie sich überraschen, wie kleine Veränderungen der Perspektive Raum für Leichtigkeit, Dynamik und Inspiration schaffen.

Martin Wedgwood

SOLUTION FOCUS

Herausforderungen gelassen meistern

Mit einem Vorwort von
Dr. phil. Simone Siemund

DASPRODUKTIV

Für Olivier, meinen Zen-Lehrer, und Simone, die Mutter meiner Töchter

Sie haben mit Ausdauer und Liebe meine Entwicklung unterstützt

ISBN-13: 978-1511767149
ISBN-10: 1511767146

Martin Wedgwood
Solution Focus. Herausforderungen gelassen meistern.

1. Auflage, 2015
Selbstverlag: DASPRODUKTIV – Martin Wedgwood
Brachfeldstraße 14 - 77654 Offenburg

Cover-Bild: Paul Bica | dexxus | flickr.com | cc-by
Printed in Germany by Amazon Distribution GmbH, Leipzig

PROBLEME SIND GUTE GELEGENHEITEN IN ARBEITSKLEIDUNG

Henry J. Kaiser

INHALT

VORWORT

Lösungsorientierung, oder englisch „Solution Focus", ist kein neuer Ansatz. Entwickelt im Rahmen der Kurzzeittherapie hat diese effektive Methode der Gesprächsführung inzwischen in zahlreiche Gesprächs- und Beratungsformen Eingang gefunden, zum Beispiel in die systemische Beratung oder ins Coaching. Die große Verbreitung im professionellen Bereich mag auf die Tatsache zurückzuführen sein, dass die Methode leicht zugänglich und damit einfach anzuwenden ist. Gerade deshalb ist sie sehr effektiv, wenn es darum geht, sich weg vom Problem der Lösung zuzuwenden. Dieser disziplinierte und methodische Wechsel der Blickrichtung macht den Kern des Ansatzes aus. In gewisser Weise ist dies nur eine kleine Veränderung, doch macht diese einen großen Unterschied.

Wenn Lösungsorientierung aber eine etablierte Methode darstellt, zu der bereits zahlreiche Veröffentlichungen im Fach- und Sachbuchbereich erschienen sind, warum dieses Buch? Die Frage ist leicht zu beantworten:

Zum einen, weil das Buch den Ansatz der Lösungsorientierung strukturiert und übersichtlich erklärt, sowohl theoretisch, als auch praktisch mit zahlreichen Fallbeispielen. Dabei bleibt es aber nicht: Martin wäre nicht Martin, wenn er den Ansatz nicht weiterdenken würde, was vor allem in den letzten beiden Kapiteln zum Ausdruck kommt. Dabei geht es etwa um den klugen Umgang mit Zielen und um Motivation. Durch meine eigene

Arbeit zu diesen Themen ist mir bewusst, wie wichtig die Auseinandersetzung mit Zielen für die persönliche Arbeits- und Lebenszufriedenheit ist. Zum anderen geht es in diesem Buch darum, über die Vermittlung von Wissen hinaus den lösungsorientierten Ansatz in einen existenziellen, wenn nicht gar spirituellen Kontext einzubetten. Zwischen den Zeilen entsteht damit die Vision eines lebenswerten Lebens, das sowohl von Selbstverantwortung für die eigenen mentalen Prozesse als auch von Leichtigkeit geprägt ist – gemäß Martins zentralem Motto: „Intensiv und gelassen leben".

Nicht zuletzt gelingt es Martin, den Leser mit Humor und Sprachgefühl zu unterhalten, und damit ein Sachbuch zu schreiben, das nicht nur informiert, sondern auch Spaß macht. So wird der Leser motiviert, den im Buch beschriebenen Selbstcoaching-Ansatz auszuprobieren – sei es methodisch, wie im Buch beschrieben, oder als unbeabsichtigtes Gedankenspiel, das sich bei der Lektüre des Buches angesichts einer aktuellen Fragestellung ganz natürlich und von selbst einstellt.

Hier sehe ich die größte Bedeutung des Buches: In der Vermittlung eines Selbstcoaching-Ansatzes, der Lern-, Reflexions- und Erkenntnisprozesse anregt, um ausgehend von Problemen zu einem neuen, leichteren Lebensgefühl zu kommen.

Freiburg, März 2015
Dr. phil. Simone Siemund

PROLOG
ANJA AM ANSCHLAG

Drei Kinder und berufstätig. „Doppelbelastung“ klang wie ein Kosename für diese Errungenschaft der Postmoderne. Früher hatten Arbeit und Leben noch am gleichen Ort stattgefunden, und es hatte Großeltern gegeben, die sich um die Enkel kümmerten, wenn die Eltern arbeiten mussten. So wollte es das gängige Klischee. Heute lagen Arbeit und Familienalltag so weit auseinander, dass sie nur unter organisatorischer und emotionaler Mega-Anstrengung vereinbar waren. Das Konzept „Großeltern“ hatte ausgedient. Wo sie noch lebten, wollten sie ihre Ruhe haben und den Lebensabend genießen oder – das allerdings hatte Tradition – die Kinder verbiegen.

Immerhin alleinerziehend war sie nicht. Ihr Mann war eine weitere verwirrende, aber doch einigermaßen angenehme Errungenschaft der Emanzipationsbewegung: ein Vater, der tatsächlich Interesse an seinen Kindern hatte. Er hatte die ganz steile Karriereleiter zwar hadernd, aber doch freiwillig ehrgeizigen Kollegen überlassen, um sich die alltäglichen Aufgaben soweit mit Anja zu teilen, wie es bei einer Vollzeitstelle mit eineinhalb Stunden Hin- und Rückfahrt eben möglich war.

Zwei Kinder, das hatte noch im Rahmen des menschlich Möglichen gelegen. Doch seit Hannah auf der Welt war, hatte Anja die letzten verbliebenen Hoheitsgebiete persönlicher Freiheit und Unabhängigkeit aufgegeben. Sie waren jetzt beide im elterlichen Heldenmodus, und der ließ wenig individuellen Spielraum für Entspannung. Von einem geschützten Raum für ihre Bedürfnisse als Paar, neuhochdeutsch „Qualitytime", träumte sie nur noch selten, aber sehnsüchtig am Sonntag zwischen acht und zehn Uhr, während die Kinder mit Schokoreiswaffeln und Soja-Kakao einigermaßen pädagogisch vertretbar vor dem Kinderkanal abhingen. Dann drehte sie sich, ihrer Erschöpfung folgend, noch einmal um, um sich eine Luxusmütze Schlaf zu gönnen.

Sie hatte Psychologie mit Schwerpunkt „Arbeit und Organisation" studiert. Hatte erwogen zu promovieren, als Jonas sich mit dem unverhältnismäßig langen Ausbleiben der Periode ankündigte. Ein erwünschtes, man konnte fast schon sagen, geplantes Missgeschick. „Besser so" hatte sie sich gesagt und sich dann, nachdem Geburt und erste Monate überstanden waren, auf eine halbe Stelle beworben, die wie für sie geschaffen war: Personalentwicklung in einem familienfreundlichen Unternehmen mit angeschlossener Kindertagesstätte.

Es schien, als hätte sie das große Los gezogen. Sie bekam die Stelle, überlebte den Praxisschock und fand im Laufe von zwei, drei Jahren gut in ihre Aufgaben hinein. So gut, dass sie anfing, sich an den vorhandenen Strukturen zu stören und die Grenzen ihrer Entwicklungsmöglichkeiten in diesem Rahmen zu ahnen. Sie stellte erste Überlegungen an, ob sie ihre Promotion doch noch angehen sollte, um sich einer akademischen Laufbahn zu widmen. So viel war klar: Sie brauchte mehr Pfeffer in ihrem beruflichen Alltagssüppchen.

Mit der Geburt von Frieda vor vier Jahren kam das erste Mal der Gedanke an Selbstständigkeit auf. Coaching in eigener Praxis, zuhause Arbeiten und ab und zu für gutes Geld ein Seminar als externe Trainerin geben. Das klang vielversprechend. Sie wollte selbstverantwortlich ihr eigenes berufliches Leben gestalten. Sie träumte davon, als Freiberuflerin vor allem frei zu sein und dabei noch viel Zeit für ihre Kinder zu haben.

Jetzt, nach der Geburt von Hannah vor knapp einem Jahr, war kein Platz mehr für solche Gedankenspiele. Das wäre auch erträglich gewesen, wenn die Wirtschaftskrise die Umgehungsstraße genommen und das Unternehmen, in dem sie arbeitete, verschont hätte. Als der Absatz von Neufahrzeugen bei den Herstellern einbrach, knickten beim traditionsreichen Zulieferer Aufträge und damit der Umsatz weg. Mit Kurzarbeit in der Produktion fing es an. Als mit der Insolvenz ein Drittel der Stellen wegbrach, fiel die Stimmung im Unternehmen ins Bodenlose.

Anja hatte alle Hände voll zu tun, um sozialverträgliche Lösungen für die Ausscheidenden zu finden. Doch wirklich froh war sie weder über den Inhalt dieser unerwartet neuen Tätigkeit, noch mit dem eher dürftigen Ergebnis ihrer Bemühungen. Der Frust nahm zu und so kam sie mächtig ins Wanken, als die Hiobsbotschaft die Runde machte, ein externer Investor sei gefunden, der das Unternehmen übernimmt.

Was in der Folge geschah, hob Anjas berufliche Welt aus den Angeln. Die komplette Personalabteilung sollte umstrukturiert werden. „Synergien zwischen Mutter- und neuem Tochterunternehmen nutzen", so klang der O-Ton der effizient kühlen Restrukturierer. „Unmenschliche Technokraten", dachte Anja. Sie wurde von diesen vor die Wahl gestellt, einem Arbeitsplatzwechsel in die neue Konzernzentrale zuzustimmen oder sich beruflich neu zu orientieren.

Seitdem quälte sie sich, schlief schlecht und war nur noch mit halber Kraft für Job, Haushalt und Kinder da. Sie hatte das Gefühl, vollkommen von ihrer Lebenskraft abgeschnitten zu sein. Grübeln war zum Standardmodus geworden, wo sie zuvor tatkräftig ihren Alltag bewältigt hatte. Sie stand unter Druck, musste sie doch binnen eines Monats eine Entscheidung treffen:

„Wir können nicht nach Wiesbaden ziehen. Das ist vollkommen unmöglich. Dann müsste sich Holger einen neuen Job suchen. Und das Haus werden wir in der aktuellen wirtschaftlichen Situation allenfalls zu einem Spottpreis los. Selbstständigkeit fällt auch aus. Die Kollegen, die sich in die Selbständigkeit gewagt haben, kämpfen jetzt hart um ihren Verbleib in der dicht besiedelten Beratungs- und Trainingslandschaft oder stricken mit heißer Nadel an einem esoterischen Nischenangebot.

Wieso habe ich mich damals nicht gleich für die akademische Laufbahn entschieden? Jetzt komme ich da nicht mehr rein. Drei Kinder und dreiunddreißig? Wir hätten doch besser aufpassen sollen. Jonas ist viel zu früh gekommen.

Und dieses verdammte Management. Die hätten eben ihre Hausaufgaben machen sollen. Es war doch abzusehen, dass das so enden würde. Der Müller hat doch überhaupt nicht kapiert, dass er das Unternehmen direkt vor die Wand fährt. Und diese verdammten Hedgefonds. Elende Heuschreckenplage! Wirtschaften die ganze Zeit nur in die eigene Tasche und bereichern sich auf Kosten des ehrlichen Bürgers!

Aber was rege ich mich auf? Bringt doch sowieso nichts. Am Ende arbeite ich eben beim Lebensmitteldiscounter an der Kasse. Oder ich mache meinen kleinen Kinderkleidershop im Internet auf, wie all die anderen gelangweilten und ach so kreativen Mamis. Zum Kotzen!“

So in etwa lief ihre Gedankenmühle von morgens bis abends und immer häufiger auch nachts. Sie wachte regelmäßig gegen vier Uhr auf, wenn Hannah ins Bett gekrabbelt kam. Dann lag sie eine Stunde wach, während ihr Töchterchen beseelt weiterschlief und Holger den halben Amazonas-Regenwald röchelnd rodete. Sie nahm es auf wie die Botschaft eines düsteren Engels: Der Niedergang ihres Idylls war besiegelt. (Ein komplettes Transkript von Anjas schriftlichem Lösungsprozess finden Sie im *Anhang.*)

IN DER KLEMME

Unter Strom stehen, am Anschlag sein, Verzweiflung – vielleicht sind das Zustände, die Sie aus Situationen kennen, in denen einiges zusammenkommt, in denen Sie nicht mehr wissen, wo Ihnen der Kopf steht und Ihnen alles über diesen zu wachsen scheint.

Es scheint normal, dass Denken und Fühlen in solchen Situationen von Problemgedanken in Beschlag genommen werden. Ganz natürlich verfallen wir in einen Grübelmodus und zerbrechen uns den Schädel im Ringen mit den Widrigkeiten unserer Existenz. Dieser Zustand wird in der lösungsorientierten Literatur „Problemhypnose“ genannt.

Und selbst, wenn die Konzentration auf das Problem im ersten Moment sinnvoll ist, weil sie den Organismus darauf einstellt, eine mögliche „Bedrohung“ abzuwenden, stellt sich die Frage, wie hilfreich es ist, länger in diesem Zustand zu verharren. Ich behaupte, dass diese Strategie auf Dauer wenig hilfreich ist und dass es interessante Alternativen gibt.

„Im Grübelmodus stecken bleiben“ ist ein Verhaltensmuster, dessen wir uns kaum bewusst sind, weil es zu unserer zweiten Natur geworden ist. Ausdauernd über Probleme nachzudenken, indem wir enge Kreise um unsere aufgetürmte Not fliegen oder uns grübelnd unseren Weg zur Hölle graben, ist die Königsdisziplin emotionalen Ausdauersports. Wir sind da hineingewachsen, weil die meisten um uns herum und viele Generationen vor uns bereits Mitglied in diesem existenziellen Sportverein waren. Und man muss durchaus anerkennen, dass dieser Sport mit vielen Vorteilen aufwartet: Es ist immer etwas los, selbst wenn eigentlich überhaupt nichts Interessantes passiert. Man ist nie allein, selbst wenn keine Menschenseele in der Nähe ist, denn die vielen guten und verhassten inneren Dialogpartner stehen jederzeit zur Verfügung.

Es ist wahrscheinlich, dass wir das Grübel- und Problemwälzmuster in Situationen entwickelt haben, als die Wahrnehmung unserer Handlungsmöglichkeiten eingeschränkt war. Dies gilt für ausgedehnte Phasen unserer Kindheit, aber auch für extreme Not- und Bedrohungssituationen im Jugend- und Erwachsenenalter.[1]

In diesen bedrohlichen Situationen haben wir die orientierenden Funktionen des Denkens und Fühlens, soweit sie bereits entwickelt waren, abgeschaltet und uns entweder auf Angriff oder Totstellen verlegt. Diese Muster haben sich aufgrund der emotionalen Ladung der ursprünglichen Situation als Totstell- und Grübelmuster oder Angriff- und Aggressionsmuster tief in unseren Organismus eingeprägt. Es sind genau diese, die zuerst und vollkommen automatisch aktiviert werden, wenn wir wieder in ähnliche Situationen kommen. Alle anderen theoretisch verfügbaren Optionen werden ausgeblendet.

Von Oscar Wilde stammt folgendes Zitat: „Das Schlimme am Älterwerden ist, dass wir jung bleiben." Als eitler Dandy seiner Zeit bezog er sich damit wahrscheinlich auf die Veränderungen des Körpers mit zunehmendem Alter, während der Geist im besten Fall jung und die Bedürfnisse vital bleiben. Aber das Zitat lässt sich mit ein bisschen „good will" auf unseren Zusammenhang übertragen.

Jetzt sind wir zwar erwachsen, doch viele unserer Reaktions- und Verhaltensmuster sind zutiefst kindlich. Es mag viele, sogar sehr viele Situationen geben, in denen wir uns ohnmächtig oder – überkompensiert – übermächtig fühlen, und doch haben wir in den meisten Situationen ganz konkrete, bodenständige Möglichkeiten, um die Veränderung einer unangenehmen Situation in eine angenehme Richtung zu bewirken. Doch manchmal müssen wir uns diese Tatsache erst bewusst machen und uns neue, effektivere und bewusst gewählte Muster im Umgang mit Herausforderungen aneignen. Eine Möglichkeit, die ich Ihnen in diesem Buch vorstelle, ist das lösungs- und ressourcenorientierte Vorgehen.

MEINE ZEIT IM KNAST

Ich war sechsundzwanzig, als ich ausgerüstet mit den überschaubaren Beratungswerkzeugen, die ich in meinem Studium kennengelernt hatte, naiv und übermütig meine erste Stelle antrat. Als Gesandter einer Beratungsstelle für Sucht- und Drogenhilfe verbrachte ich drei Tage pro Woche in einer Justizvollzugsanstalt für Langzeitinhaftierte (Haftstrafen von vier Jahren bis lebenslänglich). Dort führte ich Gespräche mit den Insassen und erkannte schnell, wie wenig meine Problembewältigungsmuster und Veränderungswerkzeuge taugten, um in meiner Rolle als externer Suchtberater effektiv zu handeln.

Mein Gesprächsangebot sollte einen Beitrag zur Bewältigung des belastenden Gefängnisalltags für die „Bewohner“ leisten. Die Gespräche sollten darüber hinaus den Wechsel in eine externe Therapie für manche Häftlinge vorbereiten. Doch aufgrund der hohen Haftstrafen erfüllten wenige die Anforderungen, welche Betäubungsmittelgesetz und Strafgesetzbuch für sogenannte „Therapie-statt-Strafe“-Programme definierten.

Die menschliche Kälte des Ortes und der Institution, die Fülle der Probleme und die individuelle Not, mit welcher ich mich bei meinen Klienten konfrontiert sah, schnürten mir den Hals zu.

Matthias, zum Beispiel, war ein 33-jähriger Inhaftierter mit einer zu verbüßenden Restfreiheitsstrafe von fünfzehn Jahren. Bei einem Einbruch war er überrascht worden und hatte sein Opfer mit einem Messer getötet. Dies war nicht seine erste

Gewalttat gewesen, sondern vielmehr eine Folgetat, die sich absurderweise während eines Hafturlaubs ereignete, nachdem er die vorhergehende zwölfjährige Haftstrafe wegen räuberischer Erpressung zu zwei Dritteln abgesessen hatte. Für die Zeit nach der aktuellen Haftstrafe war eine zehnjährige Sicherheitsverwahrung wegen extremer Gewaltbereitschaft und hohem Rückfallrisiko verhängt worden. Das alles schien irgendwie richtig, gemessen an den Taten, die Matthias begangen hatte.

Die Lebensrealität der Inhaftierten war auch erträglich gewesen, solange ich diese Geschichten in einem Buch las oder in einer Reportage zwischen zwei Spielfilmen im Fernsehen verfolgte. Doch jetzt, wo mir der Mensch in Fleisch und Blut gegenübersaß, an einem Ort, der Menschlichkeit nahezu vollständig vermissen ließ, befand ich mich in einer anderen Situation. Deren unmenschliche Dimension wurde mir durch die Offenbarungen in den Gesprächen und durch Einsicht in die Akten nach und nach immer deutlicher.

Matthias' „kriminelle Bilderbuchkarriere“ war auf einem durch und durch gewalttätigen Nährboden entstanden und gewachsen: sexueller Missbrauch und massive Misshandlungen in frühester Kindheit, emotionale Vernachlässigung sowie fortgesetzte institutionelle und soziale Gewalt. Eine Kindheit und Jugend im andauernden Kontakt mit hoch gewaltbereiten und ziemlich lieblosen Menschen in Jugendheimen, Jugendvollzug und Erwachsenenhaftanstalten machten das Rundum-Sorgenvoll-Paket dieser biographischen Katastrophe komplett.

Führen Sie sich das mal vor Augen: Vor sechzehn Jahren habe ich die Arbeit im Knast hinter mir gelassen. Ich habe ein buddhistisches Kloster mitgegründet und zwei weitere Ausbildungen abgeschlossen. Ich habe in der Schweiz und in Frankreich gewohnt, eine Familie gegründet und mich selbstständig gemacht. Matthias hat jetzt wohl die Freiheitsstrafe in der eintönigen Routine des Vollzugs abgesessen, doch findet er sich jetzt unter Sicherheitsverwahrung in der forensischen Psychiatrie[2] wieder. Wie haben Sie Ihr Leben in den letzten sechzehn Jahren verbracht? Welche Menschen haben Sie getroffen? Welche Orte haben Sie besucht? Was haben Sie Neues gelernt? Welche schönen Momente haben Sie in der Natur, am Meer oder in den Bergen verbracht?

Mir ging in diesen Gesprächen irgendwann die Puste aus. Aus heutiger Sicht war es eine natürliche Reaktion, in Resonanz mit den Klienten selbst emotional in die Knie zu gehen. Ich hatte keine Ahnung, wie ich bei diesen Alptraumszenarien und -perspektiven ein Gespräch beginnen und führen sollte. Ich wusste nicht, wie ich irgendeinen Schimmer menschlichen Feuers in diese dunkle Höhle tragen sollte. Wo sollte ich da ansetzen, um Mut und Lust auf Entwicklung, Heilung und Integration zu machen?

Als ob die Belastung durch individuelle Gespräche noch nicht ausgereicht hätte, startete ich noch eine Gruppe für Inhaftierte, die in normale Therapieeinrichtungen außerhalb des Gefängnisses vermittelt werden sollten. Die Gruppe übte eine große Anziehungskraft auf Zuhälter aus, die wegen unterschiedlicher Verstöße gegen Waffengesetze, wegen Gewaltverbrechen und Zuhälterei verurteilt worden waren. Diesen hartgesottenen Burschen machte es große Freude, mich Grünschnabel auflaufen zu lassen. Mit ihren Geschichten über die wahre Natur der Frauen führten sie mich an finstere Abgründe. Ich bekam weiche Knie. Ich fühlte große Selbstzweifel, Zweifel an der menschlichen Art und Hoffnungslosigkeit bezogen auf meine Möglichkeiten, irgendetwas Sinnvolles in dieser Welt bewirken zu können. Ich kam ins Schlittern und fiel gefühlt immer wieder in den dunklen Abgrund.

Doch es waren genau diese Not und dieser Druck, die mir geholfen haben, die Tür zu einem wesentlichen Prinzip gelassenen und produktiven Lebens zu finden: Lösungs- und Ressourcenorientierung. Aufgrund meiner Hilflosigkeit in Einzelgesprächen und Gruppensitzungen machte ich mich auf die Suche nach einem Rettungsanker. Meine Kollegen waren in Familien- und Suchttherapieausbildungen bei Gunther Schmidt in Heidelberg.[3] Die Titel lauteten „systemisch-lösungsorientiert“ und „hypno-systemisch“. Das klang interessant.

In der Bibliothek der Hochschule machte ich mich auf die Suche und fand ein Buch über lösungsorientierte Arbeit mit

Gruppen. Es entpuppte sich als eine Offenbarung, die mein ganzes weiteres Leben, meine Arbeit mit Menschen und meine Sicht auf die Probleme dieser Welt grundlegend revolutionierte.

Der lösungsorientierte Ansatz hat mich nicht vor dem Untergang im Strudel des Gefängnisses bewahrt. Er konnte auch nicht meinen zeitweisen Ausstieg aus der direkten Arbeit mit Menschen verhindern. Aber er hat mir ermöglicht, wesentliche Techniken und Prinzipien zu verinnerlichen. Diese konnte ich fortan in vielen anspruchsvollen Lebenssituationen nutzen, um an meine lebendige Kraft anzukoppeln und von dort aus effektiv, wenn auch manchmal unkonventionell, zu handeln. In zwischenmenschlichen Begegnungen stehen mir diese Techniken und Prinzipien heute als Mittel zur Verfügung, um selbst kleine Spielräume zu nutzen, Erleichterung zu ermöglichen und neue Entwicklungsperspektiven für mich und andere zu eröffnen.

In diesem Sinne zeigt dieses Buch Wege auf, wie Sie in anspruchsvollen Situationen neue Bewegungsrichtungen finden und konkrete Schritte unternehmen können, wo Sie sich zuvor in einer Sackgasse oder Einbahnstraße fühlten. Es macht Sie mit den einfachen, aber effektiven Möglichkeiten vertraut, die der lösungsorientierte Ansatz bietet. Sie lernen, ausgehend von gegenwärtigen Problemen, Techniken kennen, die Ihnen helfen, leichter und produktiver zu leben.

WIE NUTZEN SIE DIESES BUCH AM BESTEN?

Ich muss nicht erwähnen, dass Sie dieses Buch auf jede erdenkliche Weise nutzen können und sollen, die Ihnen hilft, freier zu atmen, mit leichteren Schritten durch die Welt zu gehen und mit Ihrem Glück das Glück in der Welt zu vermehren.

Und doch folgt dieses Buch einer klaren Struktur, die auf der grundlegenden Struktur des lösungsorientierten Vorgehens aufbaut. Aus meiner Sicht scheint es deswegen naheliegend, das Buch in der Reihenfolge der Kapitel durchzuarbeiten.

SOLUTION FOCUS
VON DER PROBLEMHYPNOSE ZUR LÖSUNGSORIENTIERUNG

Es ist ein interessantes und nützliches Phänomen, dass wir viele Gewohnheiten verinnerlicht haben und diesen automatisch folgen. Wir müssen uns nicht mehr fragen, wie wir auf eine gegebene Situation reagieren sollen. Wir reagieren mit einem trainierten Reflex. Das ist außerordentlich energie- und ressourcenschonend. Zumindest solange wir erwünschte Ergebnisse bei angemessenem Kraftaufwand hervorbringen.

Wir haben Gewohnheiten, mit uns und unserem Leben umzugehen, die uns in Fleisch und Blut übergegangen sind. Diese nehmen wir kaum als eine Möglichkeit zu handeln unter vielen wahr, sondern als die einzige. Da wir uns als Menschen in einer Gemeinschaft des Lernens, Wissens und Handelns mit unseren Mitmenschen befinden, werden unsere Annahmen, unsere Denkgewohnheiten und unsere Art zu handeln von außen, durch die Annahmen der anderen, deren Denkgewohnheiten und deren Handeln, bestätigt und damit gefestigt.

Innere Freiheit und sozialer Übermut[4] ermöglichen Einzelnen über die Automatismen kollektiv verankerter Gewohnheiten hinauszugehen – dort, wo sich diese als kaum noch nützlich erweisen. Wenn Menschen in solch große innere oder äußere Not geraten, dass vertraute Denk- und Verhaltensmuster keine

Linderung und Klärung mehr bringen, sondern die Situation verschärfen, dann gelingt manchen ein schöpferischer Sprung, mit dem sie etwas vollkommen Neues oder eine wesentlich neue Kombination aus Altem hervorbringen.

Einen solchen schöpferischen Sprung machte Milton Erickson als Begründer der modernen Hypnotherapie. Massiv in die Enge getrieben durch die Symptome seiner Kinderlähmung blieb ihm nur eine Alternative zum Sterben: alle Kraft und Aufmerksamkeit auf Ressourcen, Überlebensfähigkeit und Lösungswege zu lenken. Das Unmögliche gelang ihm entgegen der Unkenrufe seiner Ärzte, die seinen baldigen Tod vorhergesagt hatten. Er lebte noch sechzig Jahre weiter – allerdings mit wiederkehrenden Schüben, körperlichen Einschränkungen und häufig großen Schmerzen. Doch statt sich der Verzweiflung und den Schmerzen zu überlassen, nutzte er seine Kenntnisse über Trance und heilsame Aufmerksamkeitsfokussierung für den Umgang mit seinen Symptomen. So verschaffte er sich selbst Linderung, stärkte seinen Lebensmut und vertiefte seine Kenntnisse über Trance und medizinische Hypnose immer weiter. Seiner Nachwelt vermachte er die Früchte seiner beherzten Auseinandersetzung in Form von heilsamen Techniken und Prinzipien. Es sind Prinzipien, die er darüber hinaus und vor allem für die Arbeit mit seinen Klienten und Patienten nutzte.

Viele Psychotherapeuten und -analytiker widmen bis heute einen großen Teil ihrer kommunikativen Aktivität und der abzurechnenden Zeit auf Probleme und die möglichen Entstehungspfade von Problemen. Erickson hingegen richtete seine Kraft und Aufmerksamkeit auf Fähigkeiten, die er auch in absurdesten Verhaltensweisen auszumachen wusste. Er konzentrierte sich auf Hilfreiches, das erreichbar war, und Möglichkeiten, die zwar da waren, aber vom Klienten nicht gesehen wurden.

Es waren Steve de Shazer und Insoo Kim Berg am „Brief Family Therapy Center" (Zentrum für Kurzzeit-Familientherapie) in Milwaukee, USA, die ausgehend von der Arbeit Milton Ericksons einen besonders effektiven und pragmatischen Ansatz für die Entwicklungsarbeit mit Menschen entwickelten. Damit setzten sie Ericksons Paradigmenwechsel fort und untermauerten diesen. Ihr Ansatz nennt sich lösungs- und ressourcenorientierte Kurzzeittherapie. Er beruht sowohl auf methodischer Klarheit, als auch auf einer radikal wertschätzenden Haltung gegenüber Klienten und Patienten. Er nimmt Klienten in die Verantwortung für ihre eigene Heilung, hilft diesen, eine Vorstellung davon zu entwickeln, was sein wird, wenn das Problem gelöst sein wird, und leitet Patienten an, mit gangbaren Schritten gegenwärtig belastende Herausforderungen zu meistern.

Dieser Ansatz, die zugehörigen Konzepte und die Konsequenzen für die Kommunikation in Beratungs- und Therapiegesprächen haben unter Kommunikationsprofis bereits weite Verbreitung gefunden. Leider steht die Verbreitung dieser hilfreichen Gedanken, die eine neue und erleichternde Perspektive auf das eigene Leben ermöglichen, in der Allgemeinheit noch aus. Ein Sachverhalt, dem ich mit einigen Gedanken und Impulsen in diesem Buch Abhilfe verschaffen möchte.

DIE PROBLEMHYPNOSE

Wir gehen gemeinhin davon aus, dass wir ein Problem verstehen müssen, um es lösen zu können. Interessanterweise stellte schon Albert Einstein fest, dass der Geisteszustand, der ein Problem hervorgebracht hat, dieses nicht lösen kann. Dennoch sind wir fest davon überzeugt, wir müssten nur genug Zeit damit verbringen, Hypothesen zu entwickeln, nach Ursachen zu forschen und das Problem bis ins kleinste Detail zu erkunden, damit sich etwas Wesentliches verändert.

Entgegen der eigentlichen Absicht vergrößert dieser Fokus auf das Problem das ursprüngliche Problem – ein Zustand, der im Buddhismus „Leiden“[5] genannt wird. Dieser umfasst all das, was sich um den ursprünglichen Schmerz an Geschichten, Jammern und Hoffen auf Lösung sammelt.

Haben Sie Lust auf ein kurzes Experiment? Nehmen Sie sich fünf Minuten Zeit und konzentrieren Sie sich auf ein aktuelles, unbequemes Phänomen aus Ihrem Alltag. Reden Sie sich ein, dass es so nicht hätte passieren dürfen oder dass es so nicht laufen dürfte. Versuchen Sie herauszufinden, wie das Problem zustande gekommen ist, wer das Problem verschuldet hat und auf welche Weise Sie sich einmal mehr dumm angestellt haben. Versuchen Sie zu klären, was hätte getan werden können oder noch besser, hätte getan werden müssen, um dieses Problem zu vermeiden. Und welche Vorkehrungen getroffen werden müssen, um ein erneutes Auftreten des Problems in der Zukunft zu verhindern.

Machen Sie sich weiterhin Gedanken darüber, welchen Einfluss Ihre gegenwärtige Lebenssituation, die allgemeine Situation der Gesellschaft sowie Ihre finanzielle, körperliche und psychische Verfassung auf dieses Phänomen haben. Und denken Sie darüber nach, wie dieses Problem auf Ihre gegenwärtige Lebenssituation, die allgemeine Situation der Gesellschaft, sowie Ihre finanzielle, körperliche und psychische Verfassung zurückwirkt.

Versuchen Sie sich weiterhin auszumalen, was passieren wird, wenn Sie das Problem nicht bald in den Griff bekommen. Vergewissern Sie sich abschließend, dass sich dieses Problem nicht nur zu all den anderen Problemen in Ihrem Leben hinzuaddiert, sondern in Wechselwirkung mit all den anderen Problemen eine vollkommen ausweglose Situation in ihrem Leben hervorbringen wird.

Und? Ausprobiert? Vermutlich haben Sie dann herausgefunden, wie Sie ein kleines oder durchaus anspruchsvolles Problem in einen wahren Alptraum, den bevorstehenden Untergang oder die Apokalypse verwandeln können. Der Volksmund sagt es ganz deutlich: „Aus der Mücke einen Elefanten machen." Doch leider lehrt er uns nicht, wie wir aus dem Elefanten wieder eine Mücke machen können – und aus der Mücke vielleicht Leguanfutter, Angelköder oder sonst etwas Nützliches.

Diesen Prozess, in dem wir ein Problem ganz alleine oder im Dialog mit anderen in eine Katastrophe verwandeln, vollziehen wir tagtäglich in unzähligen Lebenssituationen und -kontexten: bei wichtigen Projektmeetings, im familiären Kontext, im Paargespräch, im Versuch, mit persönlichen Problemen umzugehen sowie in der Auseinandersetzung mit gesamtgesellschaftlichen Entwicklungen wie soziale Gerechtigkeit, Krieg und Frieden oder Hunger und Armut in dieser Welt.

Diese mentale und kommunikative Problembegeisterung durchzieht gefühlte 95% Prozent der Berichterstattung in allen medialen Nachrichtenformaten. Er durchwirkt und „bereichert" 75% aller Dokumentationen und problemzentrierter Programmformate. Er erweckt 75% aller Erzählformate in Film, Theater und Literatur zu „unterhaltsamer" Intensität und prägt 70% der Geschichten, die sich Menschen selbst und untereinander erzählen.

Wir versenken einen beachtlichen Teil unserer Lebensenergie sowie der unternehmerischen und gesellschaftlichen Ressourcen in einem Problemfass, das keinen Boden hat. Wir erzählen uns selbst und gegenseitig mit großer Ausdauer bedrohliche und darum häufig lähmende Gespenstergeschichten, deren Düsternis und Grausamkeit nur durch unsere menschliche Phantasie begrenzt werden. Und diese kennt im Fall der Problemfokussierung unerfreulicherweise keine Grenzen.

Mit jedem angstbesetzten inneren Monolog, mit jeder düsteren Erzählung und jedem deprimierenden Austausch sinken wir tiefer in den Sumpf und Schlamm des Problemfasses hinunter. Wir finden uns vereint mit Wunderheilern im Politischen und Finanziellen, die sich zu den Propheten des Untergangs gesellen. Wir erkennen uns wieder in Freundinnen, die Benzin ins lodernde Problemfeuer ihrer besten Freundin kippen – doch eigentlich mit der Absicht hilfreichen Beistand zu leisten. Wir haben Déjà Vus angesichts von Eskalationsdynamiken, welche Opferstatus und Ohnmacht zementieren, wo es zuvor wenigstens noch kleine Spielräume und Handlungsmöglichkeiten gab. Wir wundern uns, dass sich die Erde immer schneller dreht und unsere Probleme eskalieren. Wir tun doch nur das, was alle tun und sollten doch anfangen, Neues auszuprobieren.

De Shazer hat dieses Phänomen „Problemhypnose“ genannt. Dabei handelt es sich um eine effektive Art, Intensität in unserem eigenen Leben hervorzubringen. Doch leider dreht es sich dabei um die destruktive und auszehrende Variante der Intensität, wo wir doch eigentlich eingeladen sind, die produktive und wesentliche Fassung zu kultivieren.

Doch wie genau soll das gehen? Wie können wir uns aus Teufelskreisen befreien und diese in Segensspiralen verwandeln? Wie können wir aus der Problemhypnose erwachen, um mehr Leichtigkeit und Lebensfreude zu finden?

PROBLEMGERÖLLFELDER UND LÖSUNGSKLETTERSTEIGE

Mit unserem problemorientierten Denken richten wir uns intensiv auf die Vergangenheit aus. Mal beschäftigen wir uns mit Fragen zu den letzten unbequemen oder unangenehmen Vorkommnissen, mal mit Fragen, die weiter in die Vergangenheit zurückreichen. Oft sind das Fragen, die sich weniger mit Auswirkungen und Entwicklungen als vielmehr mit Ursachen beschäftigen. Wenn wir uns problemorientiert der Zukunft zuwenden, dann tun wir dies meist angstbesetzt. Wir nehmen unangenehme Fortsetzungen und unerfreuliche Entwicklungen vorweg und erwägen Vermeidungs- oder Rettungsstrategien.

Beim lösungsorientierten Vorgehen richten wir alle Kraft und Aufmerksamkeit auf mögliche Lösungen und gangbare Wege. Motiviert durch attraktive, also wesentliche und erreichbare Ziele machen wir verfügbare Hilfsmittel nutzbar und mobilisieren brachliegende Fähigkeiten. Wir greifen darüber hinaus auf hilfreiche vergangene Erfahrungen zurück, um die angestrebte Lösung zu verwirklichen. Ausgerüstet mit dem richtigen Handwerkszeug und ausgerichtet an einem wesentlichen Ziel fällt es uns leichter, den nächsten sinnvollen Schritt zu erkennen.

Mit problemzentriertem Denken erschöpfen und zermürben wir uns in einem Strudel negativer Energie. Über den lösungsorientierten Ansatz mobilisieren wir ungeahnte Kräfte. Wir verbinden uns mit unserer Kreativität und kommen tiefer in Einklang mit unseren Wünschen, Bedürfnissen und dem Leben selbst. Die folgenden Schaubilder veranschaulichen die Unterschiede und geben einen ersten Überblick über das strukturierte lösungsorientierte Vorgehen.

DER PROBLEMORIENTIERTE ANSATZ

Beim problemorientierten Denken (*Schaubild 1*) fokussieren wir uns auf ein Problem und machen es zum Ausgangspunkt aller Überlegungen. Ausgehend von einer problematischen Situation stellen wir unstrukturiert und willkürlich Überlegungen an, wie es zum Problem gekommen ist, was in der Vergangenheit passiert ist und wie es stattdessen hätte laufen können und müssen. Wir versuchen herauszufinden, wer verantwortlich ist und was hätte getan werden müssen, um das Problem zu vermeiden.

Darüber hinaus dehnen wir die gegenwärtig problematische Situation als Angst- und Horrorszenario in Richtung Zukunft aus. Wir stellen uns vor, was alles passieren wird, wenn der schlimmste Fall eintritt. Wir überlegen uns unterschiedliche Eskalationsszenarien und fragen uns, wie wir diese Entwicklung verhindern können.

Je mehr problemorientierte Fragen wir in Richtung Vergangenheit stellen, je schlimmer die Untergangsphantasien, welche wir uns für die Zukunft ausmalen, umso größer wird das gefühlte Problem. Nach und nach erschaffen wir einen „Problemberg“, der kaum noch zu überwinden ist. Auf ihn stapeln wir das ganze „Problemgeröll“, das uns zu erschlagen droht, sollten wir mit dem Überwindungsversuch ernst machen.

Ausgehend von einer realen Anforderung vergrößern negatives, problemzentriertes Denken und entsprechende Hypothesen bezogen auf die Vergangenheit sowie angstgeleitetes Denken bezogen auf die Zukunft den gefühlten Problemberg und verstärken die Problemhypnose.

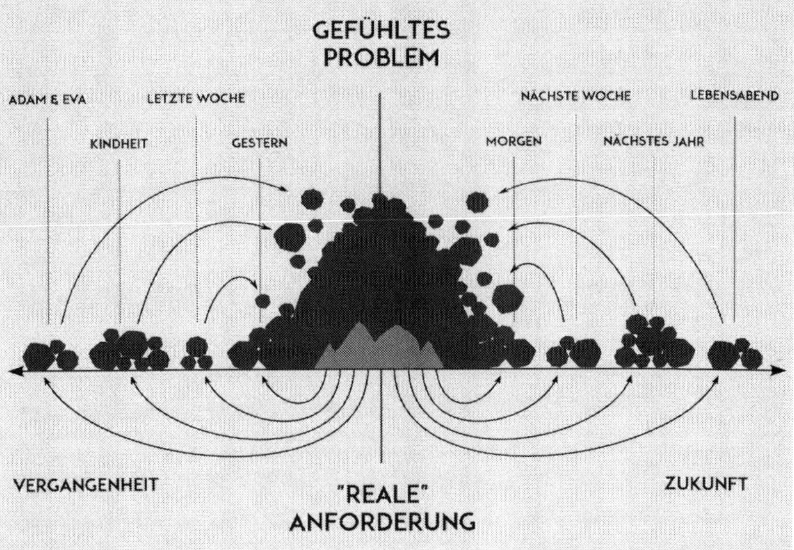

Problemzentriertes Fragen in Richtung Vergangenheit

Was ist passiert? Was noch? Wer ist Schuld? Wer noch? Wie hätte man das vermeiden können? Was habe ich falsch gemacht? Was haben andere falsch gemacht? Was hätte passieren müssen? Was hätte da sein müssen?

Angstgeleitetes Vorwegnehmen der Zukunft

Es wird wieder so kommen. Es wird noch schlimmer werden. Wir müssen unbedingt, sonst... Wie kann ich nur verhindern, dass... Wenn dann noch dies und jenes passiert... Wie kann ich sicherstellen, dass...

Schaubild 1: Problemorientierung

DER LÖSUNGSORIENTIERTE ANSATZ

Beim lösungsorientierten Ansatz (*Schaubild 2*) gehen wir strukturiert vor. Wir fokussieren unsere Aufmerksamkeit auf eine sogenannte „erwünschte Zukunft" und machen diese zum Ausgangspunkt für alle weiteren Überlegungen. Dabei legen wir uns auf einen Zeitpunkt in der Zukunft fest, von dem wir annehmen, dass wir das Problem gelöst haben werden. Dann entwickeln wir ein attraktives Lösungsszenario, das wir mit so vielen konkreten und relevanten Details wie möglich ausstatten (siehe die Kapitel *Was ist da, wenn das Problem gelöst ist* und *Spezifisch und allgemein*). Sobald wir diese Lösungsvision ausreichend konkretisiert haben, können wir diese kontinuierlich anzapfen, um uns zu orientieren und Kraft für die Umsetzung zu tanken. Ganz automatisch wird unser Denken jetzt freier und wir fühlen uns leichter, beschwingter und voller Tatendrang.

Bevor wir aber zur Tat schreiten, wenden wir uns erst noch der Vergangenheit zu und suchen dort nach Gelegenheiten, Situationen und Erfahrungen, die Ähnlichkeit mit unserer Lösungsvision haben. Das heißt, wir forschen intensiv nach Situationen, in denen es schon einmal ein bisschen so war, wie es in unserer erwünschten Zukunft werden soll. Auf diesem Weg finden wir Zugang zu konkreten Ansatzmöglichkeiten, Fähigkeiten und Hilfsmitteln, die wir nutzen können, um die erwünschte Situation auf unsere Art und mit den verfügbaren Mitteln hervorzubringen (siehe das Kapitel *Ein kleines bisschen Wunder*).

Ausgerüstet mit diesen Fähigkeiten und Hilfsmitteln wenden wir uns dann der Gegenwart zu, um ganz konkrete Schritte zu unternehmen, mit denen wir die Herausforderung bewältigen. Wir bauen uns eine Treppe, die wir dann nutzen, um den „Herausforderungshügel" so sicher, effektiv und kraftschonend wie möglich zu überwinden (siehe das Kapitel *Die Lösung verwirklichen*).

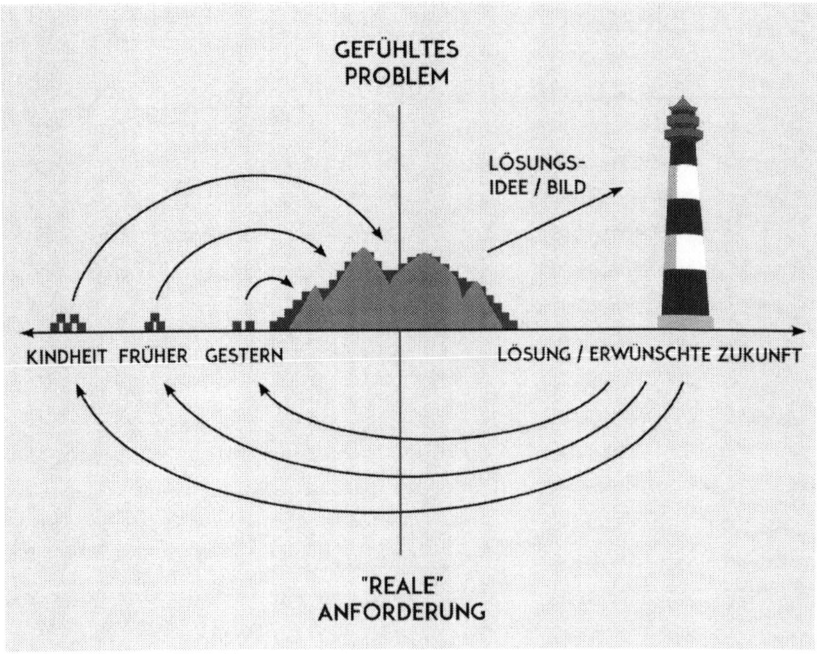

Schaubild 2: Der lösungsorientierte Ansatz

PROBLEMGERÖLLFELD UND LÖSUNGSKLETTERSTEIG IM VERGLEICH

Wenn wir das „Problemgeröllfeld" und den „Lösungsklettersteig" im direkten Vergleich betrachten, wird der Unterschied sofort deutlich (*Schaubild 3*). Die ursprüngliche Herausforderung ist in beiden Fällen die gleiche. Doch mit problemorientiertem Denken erschaffen wir ein gefühlt unüberwindliches und potentiell gefährliches Hindernis.

In der Problemhypnose richten wir unseren Fokus voll und ganz auf die Probleme aus. Lösungsmöglichkeiten, Ziele und Fähigkeiten, all das, was bereits da ist und gut läuft, blenden wir aus. Mit diesem Fokus halten wir die Probleme im Bewusstsein und damit in unserem Leben. Wir mögen glauben, an der

Lösung unserer Probleme zu arbeiten, doch in Wirklichkeit verhindern wir diese. Mit unserer inneren Ausrichtung auf Problematisches ziehen wir immer weitere Anteile des gegenwärtigen Problems in den Mittelpunkt unserer Aufmerksamkeit und weitere Aspekte aus den Nebenzonen des Problems in unseren Bann.

Nach und nach kommen immer weitere Problemthemen hinzu. Wir haben kaum noch Zugang zu unseren Fähigkeiten und es gelingt uns immer weniger, produktive Handlungsmöglichkeiten zu sehen, selbst, wenn wir unsere Aufmerksamkeit jetzt auf diese lenken. Unsere gefühlte Ohnmacht wird zunehmend größer und wird durch Gefühle der Unzulänglichkeit und Minderwertigkeit verstärkt. Mit unserem Problemdenken halten wir die Probleme und problematischen Aspekte des Lebens im Vordergrund. Lösungen, Ziele und erfreuliche Entwicklungsmöglichkeiten drängen wir zeitgleich in den Hintergrund des Geschehens.

Mit dem lösungsorientierten Ansatz hingegen bauen wir einen bewältigbaren, überschaubaren und sicheren „Klettersteig". Wenn wir das Problem in den Mittelpunkt stellen, dann verlieren wir schnell den Überblick und das Gefühl für die Proportionen der ursprünglichen Herausforderung. Wenn wir die Lösung zum Fokus unserer Aufmerksamkeit machen, dann bewegen wir uns geschmeidiger und mit minimalem Aufwand nah an der konkreten Herausforderung entlang.

Wir richten unsere Aufmerksamkeit auf Möglichkeiten, Fähigkeiten und eine erwünschte Zukunft. Unser Denken und Handeln orientieren sich an Projekten, Zielen und konkreten Aufgaben. Wir öffnen unseren Geist für die Phänomene und Herausforderungen, die sich zeigen, und gehen beweglich und effektiv mit diesen um.

Probleme begreifen wir als Handlungs-, Lern- und Entwicklungseinladungen. Wir nutzen diese, um unser Leben vor dem Hintergrund wichtiger Ziele zu gestalten. Im Umgang mit allen Phänomenen handeln wir so kreativ und produktiv wir können. Durch diese offene und bewegliche Haltung sind wir in der Lage, mit vielen anspruchsvollen Anforderungen umzugehen.

Deswegen entwickeln wir im Laufe der Zeit einen gesunden Appetit auf spannende Aufgaben und bringen unsere Problemlösefähigkeiten in unterschiedliche Kontexte ein.

Die Ergebnisse dieser produktiven Auseinandersetzung mit unseren Herausforderungen treten nach und nach in Form von Gedanken, Produkten und Gesten die Reise zu interessierten anderen an. So entsteht wieder Raum für neue Herausforderungen, für Lernen und weitere Entwicklung.

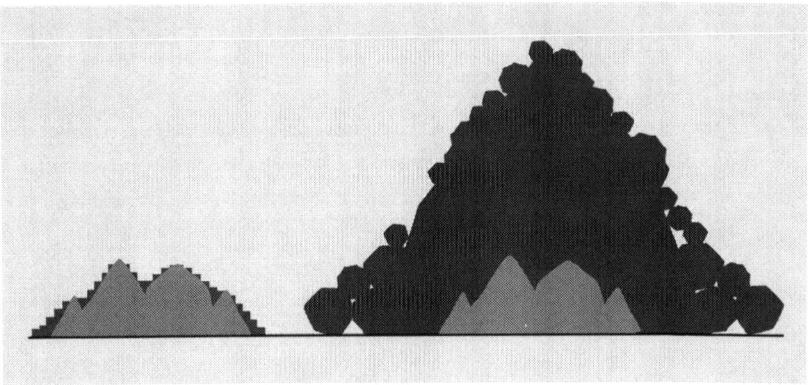

Schaubild 3: Lösungs- und Problemorientierung im Vergleich

LÖSUNGSORIENTIERUNG ALS SELBSTCOACHING-ANSATZ

Ursprünglich wurde der lösungsorientierte Ansatz als Beratungsformat entwickelt. In seiner Grundform handelt es sich um eine Methode, die manche Therapeuten und Berater nutzen, um effektive und hilfreiche Gespräche mit Patienten und Klienten zu führen. In gleicher Weise können Sie diese Techniken der Gesprächsführung im Selbstcoaching anwenden und sowohl im Alltag als auch in beruflichen Situationen nutzen. Aufgrund der überschaubaren Struktur und Systematik können Sie sogar andere, die mit diesen Fragetechniken noch nicht vertraut sind, anleiten, ein solches Gespräch mit Ihnen zu führen.

Manchmal werden Sie allerdings Fragestellungen zu einem Thema mit sich selbst klären wollen, weil diese entweder zu intim sind oder aus anderen Gründen schützenswert erscheinen. Und manchmal ist niemand da, der ein entsprechendes Gespräch mit Ihnen führen könnte oder wollte. Dann können Sie mit drei unterschiedlichen Möglichkeiten experimentieren, um die in den folgenden Kapiteln dargestellte Vorgehensweise (*Lösungsschritte 1* bis *4*, sowie *Lösungsorientierung für Fortgeschrittene*) für sich zu nutzen:

- Sie spielen das komplette Frage- und Antwortspiel im Kopf durch. Das ist der schwierigste Weg. Diesen sollten Sie nur dann gehen, wenn Sie keine andere Möglichkeit haben. Er setzt voraus, dass Sie sich schon intensiv mit dem lösungsorientierten Vorgehen vertraut gemacht haben.
- Sie spielen das ganze Frage- und Antwortspiel schriftlich auf Papier durch. Das ist der langwierigste, aber auch nachhaltigste Weg. Und damit ist es ein sinnvolles und empfehlenswertes Vorgehen am Anfang.
- Sie nutzen den *Leitfaden für individuelles, lösungsorientiertes Arbeiten im Alltag* (siehe *Anhang*). Mit dieser Hilfe können Sie den Prozess weitestgehend im Denken durchlaufen und gleichzeitig Notizen und Skizzen zu wesentlichen Punkten auf Papier festhalten. Das ist der effektivste Weg, um schnell nachhaltige Lösungen zu entwickeln.

WAS IST DA, WENN DAS PROBLEM GELÖST IST?

SCHRITT 1: EINE LÖSUNGSVISION ENTWICKELN

Solange wir herausfinden wollen, warum und wie ein Problem entstanden ist, warum es noch immer da ist und wer oder was dazu beiträgt, dass alles so schrecklich ist, sind wir selten erfolgreich mit unseren Problemlösungsversuchen. Das Kreisen um die Schuldfrage, die Ursachen und die ganze komplexe Problemsituation bindet jene Energie, die wir nutzen könnten, um uns mit möglichen Lösungen zu befassen.

Was wäre, wenn wir für einen Moment damit aufhörten, das Problem verstehen zu wollen? Was würde passieren, wenn wir unsere Hypothesen über das Problem und alles, was damit zu tun hat, auf die Seite legten, um etwas Neues auszuprobieren? Was, wenn wir uns fragten, was da sein wird, wenn das Problem gelöst ist?

Vielleicht würden wir dann feststellen, dass wir genau sagen und beschreiben können, womit wir ein Problem haben und was wir loswerden wollen. Doch auf die Frage, was wir uns stattdessen wünschen, wissen wir oft keine Antwort. Wir können diese Frage nicht im Vorübergehen beantworten. Wir müssen uns Zeit nehmen und uns auf diese Frage einlassen. Wir müssen auf die Antworten lauschen, die von innen kommen, bis sich deren

Kraft und Bedeutung für uns und unser Leben in tiefer körperlicher Resonanz und angenehmen Gefühlen zeigt.

Wenn wir beginnen, uns mit dieser Frage zu beschäftigen, wenn wir an unsere lebendige Kraft ankoppeln, wenn wir uns mit dem verbinden, was wir im Leben wirklich wollen, dann verändert sich unsere innere Verfassung und unsere Sicht auf unsere Situation. Wir fühlen uns leichter und beflügelt.

Unsere Energie richtet sich an einem Ziel aus, wo sie sich zuvor beim ausdauernden Kreisflug um das Problem erschöpfte. Wir werden innerlich freier, selbstbestimmter und gelassener. Mit dieser neuen Energie können wir ausgehend von einer gegenwärtigen Herausforderung effektiver, kreativer und engagierter Wesentliches in unserem Leben bewirken.

SUHLEN IM JAMMERBAD

Mit seinem grauen Bart, einer Körpergröße, die ihn bei jeder Tür die Durchgangshöhe prüfen lässt, und seiner mächtigen Statur wirkt Christian wie ein Bär, dem niemand etwas anhaben kann. Er schlägt sich seit Jahren mit Gelegenheitsjobs durch und führt eine komplizierte Beziehung mit einer anspruchsvollen Frau, oder besser, führte. Seitdem er sich getrennt hat, schwankt er fleißig zwischen ausdauerndem Jammern und resigniertem Akzeptieren seiner Situation.

Er kommt vorbei, um einen Kaffee mit mir zu trinken. Aber vor allem kommt er, weil er sich vor ein paar Monaten von seiner langjährigen Liebe, Petra, getrennt hat. Und jetzt, nach der Trennung, hat er große Sehnsucht. Es scheint ein unauflösliches Dilemma. Ich kenne es bereits zur Genüge. Das Thema kommt nach den üblichen Begrüßungskonventionen spätestens im vierten Satz aufs Tablett und das seit drei Monaten. Wir sehen uns seltener in letzter Zeit. Ich werde langsam mürbe.

Kaum hat er sich auf dem Sofa mir gegenüber niedergelassen, fängt er in vertrauter Manier an, von den Dramen zu berichten, die sich über die Jahre ereignet haben. Wie er verzweifelt versucht hatte, der Frau seiner Träume jeden Wunsch zu erfüllen. Wie er sich bemüht hatte in jeder freien Minute und in jeder schwierigen Lebenssituation für sie da zu sein. Wie er versucht hatte, alles in seiner Macht Stehende zu tun, um diese Frau glücklich zu machen und doch kläglich gescheitert war. Er erzählt, wie er sich selbst und seine Interessen nach und nach aufgegeben hatte. Erzählt davon, wie er sich danach gesehnt hatte, geliebt zu werden, danach, einen Platz in Petras Leben zu bekommen und doch gefühlt immer nur klopfend vor der Tür gestanden hatte ohne je hinein gelassen zu werden.

Ich höre zu. Anfänglich gespannt, zu erfahren, ob Christian hilfreiche Geschichtenvarianten entwickelt hat, die einen Ausweg, wenn auch in der Ferne, erkennen lassen. Ich bin gespannt zu erfahren, welche Wege er in der Zwischenzeit ausprobiert hat, um sein gegenwärtiges Dilemma zu lösen.

„Ich weiß, dass sie nichts für mich ist."

Ich schlucke trocken - die alte Leier.

„Ich weiß, dass das auf Dauer nicht klappen kann. Deswegen habe ich mich ja getrennt. Aber ich komme einfach nicht über Petra hinweg. Ich muss dauernd an sie denken. Ich kann nachts nicht schlafen, weil mich dieses Thema so umtreibt."

Ich unterdrücke ein Gähnen und stelle fest: Es gibt nichts Neues im Jammertal. Ich höre angestrengt zu. Langsam überträgt sich die emotionale Schwere auf mich. Ich fange an, mich hilflos und hoffnungslos zu fühlen. Die Welt wird düster. Ich fange an, den Überblick zu verlieren und verliere mich im Labyrinth seiner Erzählung. Ich versuche ihm zu folgen und spähe zeitgleich nach Möglichkeiten, zu entkommen. Doch ich finde keinen Ausweg, keinen Ansatz für eine Flucht und keine Aussicht auf Rettung aus meiner misslichen Lage.

Was kann ich tun? Wie soll ich helfen, wo doch alles so schwierig, kompliziert und verfahren scheint? Es läge nahe, vertrauten Reflexen zu folgen. Ich könnte Ratschläge geben, wie mit dieser Situation umzugehen sei. Das ist allgemein üblich und hält Gespräch und Beziehung in Gang.

„Das war genau die richtige Entscheidung. Die hättest du schon viel früher abservieren sollen."

„Mach dich doch nicht verrückt."

„Du denkst einfach zu viel. Unternimm doch mal wieder was, damit du auf andere Gedanken kommst."

„Die Zeit heilt alle Wunden."

„Da kommst du schon drüber weg."

„Du hast es doch selbst so gewollt."

„Stell dich nicht so an. Sieh doch mal die Vorteile. Jetzt bist du frei, dich nach anderen Frauen umzusehen."

Die Liste ist unendlich. Doch die Ratschläge entfalten selten nachhaltige Wirkung. Wenn wir ehrlich sind, dann nutzen wir Ratschläge weniger, um dem anderen zu helfen, als vielmehr, um den steten Strom heißen Problembreis zu unterbrechen. Wir schütten einen Damm aus vermeintlichen Schlau- und Weisheiten auf und leiten so einen Teil des heißen, stinkenden Seelenmülls wieder zurück zum Sender.

Ich konnte natürlich weiter den verständnisvollen Freund mimen. Damit würde ich der Idee folgen, dass ein Mensch in Christians Situation vor allem eines braucht: einen Menschen, der ihm sein offenes Ohr leiht, damit er sich endlich mal aussprechen kann. Doch er spricht sich zum gefühlt zwanzigsten Mal aus. Das Aussprechen ist außerdem nicht endlich, sondern unendlich. Denn er will sich gar nicht aussprechen, um mit der so gewonnenen Leichtigkeit und inneren Freiheit die Problemlösung in Angriff zu nehmen, sondern um Druck abzubauen und nachher vertraut ungemütlich in seiner Misere weiter zu schmoren.[6]

Ratschläge und auf Durchzug gestellte Ohren wären nur ohnmächtige Reaktionen. Doch dummerweise komme ich mit diesen beiden Standardreaktionen schnell an den Punkt, an dem das Gespräch in Richtung Widerstand eskaliert und ich unter der Last der Probleme zusammensacke. Das weiß ich aus Erfahrung. Auf diesem Weg komme ich nachher einmal mehr erschöpft unter dem Problemberg zum Liegen, während Christian fürs Erste erleichtert und entlastet von dannen zieht. Das hatten wir schon öfter.

Um vom Speziellen des Christian-Gesprächs zum Allgemeinen zu kommen: Den Müll endloser Trauerreden und Jammertiraden unserer Mitmenschen können wir nur mit eiserner Geduld ertragen. Das gilt übrigens auch für unsere inneren Monologe. Eiserne Geduld, das liegt in der Natur der Sache, macht hart. Das Fassungsvermögen unserer emotionalen Giftmülldeponie ist darüber hinaus meist überschaubar. Die Grenzen sind schnell erreicht. Spätestens dann kommen wir an den Punkt, wo wir uns nur noch für eine Frage interessieren: „Wie kann ich mich möglichst schnell aus diesem ätzenden Gesprächssumpf retten, um wieder an die frische Luft zu gelangen?“ Und eine weitere Frage drängt sich auf: „Bei wem kann ich den aufgelaufenen emotionalen Giftmüll möglichst schnell wieder abladen, um selbst in einen Zustand angemessener Leichtigkeit zurückzukehren?“

Spätestens an diesem Punkt geht es um die Stabilität unserer eigenen Psyche und unsere eigene emotionalen Verfassung. Die Bedürfnisse unseres Gesprächspartners treten in den umnebelten und deshalb schemenhaften Hintergrund des Geschehens und wir bereiten unsere überstürzte Flucht oder den höflichen Rausschmiss vor.

STEPHANIE, SONNE UND STRAND

„Christian, ich mach schlapp! Ich kann schon verstehen, wie es dir gerade geht, aber wenn ich dir weiter in deinen Problemstrudel ohne Vanillesauce folge, dann kriege ich Migräne. Kann ich dir mal eine komische Frage stellen?“

Hängende Mundwinkel. Angespannte Kiefermuskeln. Stechender Blick. Das war seine erste Reaktion.

„Mhm, und was soll das bringen? Da ist sowieso nichts zu machen. Ich habe das schon hundertmal durchgekaut. Was denn für eine Frage?“

„Wie gesagt, die Frage ist vielleicht ein bisschen komisch ...“

„Mach schon!“

„Stell dir mal vor, du gehst nachher hier weg und verbringst einen ganz normalen Abend. Du denkst vielleicht an Petra, guckst Fernsehen, keine Ahnung, was du so am Abend machst. Irgendwann auf jeden Fall legst du dich schlafen. Und dann irgendwann schläfst Du ein."

„Ja, und dann bin ich um halb vier wieder wach und quäle mich herum."

„Okay, aber das ist jetzt eine besondere Nacht: Du schläfst ein und schläfst durch wie ein kleines Kind, das bereits alle Zähne hat und die wundervollsten Eltern der ganzen Welt und einundzwanzig Schlafbewacherengel, die ums Bett herum hypnotische Tiefschlafweisen summen. Besser?"

„Meinetwegen."

„Du schläfst also, und dann, irgendwann in der Nacht geschieht ein Wunder. Das Wunder besteht darin, dass sich alles, was dich bisher bezogen auf Petra und deine Entscheidung, dich von ihr zu trennen, geplagt hat, auf einmal in Wohlgefallen auflöst. Eine Fee kommt mitten in der Nacht und nimmt alles Schwere mit, das dir in den letzten Wochen den Schlaf in der Nacht und die Energie bei Tag geraubt hat. Du wachst am nächsten Morgen auf und hast keine Ahnung, dass ein Wunder geschehen ist, weil Du tief und fest geschlafen hast. Aber dann bemerkst Du irgendwann, dass sich etwas Konkretes verändert hat."

Christians hat jetzt Falten zwischen den Augenbrauen. Sein visueller Fokus ist auf Unendlichkeit justiert. Er kaut engagiert auf den Lippen und merkt es nicht.

„Hm, hm."

Ich mache eine kleine Pause, damit er sich noch weiter in die Lösungsvision hineinbegibt. Ich lasse ihm Zeit, sich auf die neue Situation einzustellen. Dann hangle ich mich in der lösungsorientierten Gesprächsstruktur weiter:

„Was ist das erste, an dem dir auffällt, dass sich etwas Wesentliches verändert hat?"

Schweigen. Er geht tiefer hinein in die Lösungstrance. Sein Blick verliert sich in unendlicher Ferne. Ich kann das Rattern seines Denkorgans förmlich hören. Er schüttelt fast unmerklich den Kopf. Er atmet hörbar aus. Er seufzt. Seine Kiefermuskeln entspannen sich. Seine Augen verengen sich kurzzeitig, so, als wollte er ein inneres Bild zu fassen kriegen. Mit Daumen und Zeigefinger bürstet er den kurz getrimmten Bart nach unten. Er blickt auf.

„Hm.“ Ein schwaches Lächeln macht sich breit. „Ich liege auf der Liege meines Ferienhauses direkt am Strand der französischen Atlantikküste. Im Hintergrund läuft coole Musik von Mark Knopfler und ich schlürfe gemütlich einen Caipi.“

Nach einem kurzen Moment fallen seine Mundwinkel ohne Zwischenstopp in der neutralen Mittelstellung nach unten durch. Sein Kopf sinkt nach vorne. Seine Augen heften sich trübe auf den Fußboden. Seine Kiefermuskeln schnappen zurück in die alte Spannung.

„Aber das ist doch dummes Zeug! Was sollen diese Gedankenspiele? Ist das so eine Positiv-Denken-Nummer? Was soll sich denn dadurch ändern?“

„Mach dich mal locker!“ Ich flehe fast. „Ich habe keine Ahnung, was sich dadurch verändern wird. Genau deswegen können wir uns ja erst mal überraschen lassen. Also weiter im Text: Du liegst also auf der Terrasse am Atlantik und schlürfst deinen Caipi. Cool. Wie fühlst du dich?“

„Ich fühle mich ziemlich gut. Mein Kopf ist frei. Oder, nein? Nicht frei. Ich denke einfach nicht mehr an Petra – also wenigstens nicht mehr sehnsüchtig."

„Woran denkst du stattdessen?“

„Keine Ahnung. An die Tonskulptur, die ich am Morgen begonnen habe.“

„Tonskulptur?“

„Ja, ich will schon seit Jahren wieder töpfern. Das mache ich jetzt, wo das Wunder passiert ist.“

„Okay. Cool. Woran merkst du noch, dass ein Wunder passiert ist?“

„Hm, ich bin nicht mehr so dick und träge. Ich sehe nicht mehr aus, als hätte ich einen ganzen Sack Reis gefrühstückt.“

„Wie siehst du denn aus?“

„Na ja, ich bin auch keine Bohnenstange, aber «in shape», weißt du? Ein bisschen schlanker und fitter."

„Treibst du Sport, da in Südfrankreich oder wie kommt das?"

„Sport? Kaum, aber ich gehe regelmäßig Schwimmen und mache lange Spaziergänge mit den Hunden."

„Den Hunden?"

„Ja, ich hab zwei Golden Retriever. Mit denen gehe ich dreimal am Tag den Strand entlang zu Jean-Pierre."

„Jean-Pierre?"

„Ja, das ist der Typ, der früher ein Zen-Kloster geleitet hat und jetzt am Strand ein kleines Bistro hat."

„Okay. Cool. Woran merkst du noch, dass ein Wunder passiert ist?"

Christian richtet sich im Stuhl auf. Seine Augen fangen langsam an zu glimmen. Seine Haltung ist gespannt, so als wollte er gleich aufstehen. Er trommelt mit den Fingern auf der Armlehne.

„Woran merke ich noch, dass ein Wunder passiert ist?"

Pause.

„Weiß nicht, vielleicht ist Stephanie da."

„Stephanie?"

„Ja, mit der hatte ich mal was vor ein paar Jahren. Die wohnt in Salzburg."

„Und jetzt, wo das Wunder passiert ist, wo wohnt sie da?"

„Tja, da wohnt sie in Bordeaux. Ist Lehrerin an einer Schule für Gehörlose. Na, und am Wochenende, da besucht sie mich und ich koche lecker für sie. Und wir verbringen schöne Momente miteinander." Seine Augen proben eine Verschwörung.

„Aha, du kochst?"

Ich entspanne mich. Die ganze Atmosphäre im Raum hat sich verändert. Wir lächeln. Leichtigkeit macht sich breit. Die Intensität des Gesprächs ist hypnotisch, nicht euphorisch. Alles fühlt sich ruhig und beschwingt an. Es geht immer noch um Wesentliches, aber weniger um wesentliche Probleme, denn um wesentliche Möglichkeiten.

„Und was ist mit Petra?"

„Keine Ahnung. Vielleicht telefonieren wir manchmal. Ist weit weg. Vieles ist weit weg."

„Und wie ist das für dich?"

„Angenehm ist das … weil ich bei mir bin. Fühlt sich gut an."

„Du bist bei dir? Jetzt komm mal wieder runter ... nur Spaß! Woran merkst du noch, dass ein Wunder passiert ist?"

„Mann, du bist ja penetrant ..."

Und so weiter ...

LÖSUNGSORIENTIERT FRAGEN

Das ist lächerlich. Das ist albern. Mit solch plumpen Mitteln kann man unmöglich ein wimmerndes Suhlen im Jammerbad in einen leichten und lebenswerten Tag am Meer verwandeln!

Es stimmt: Die lösungsorientierten Entwicklungstools scheinen zu einfach und nüchtern, um wirkungsvoll zu sein. Doch das Gegenteil ist wahr. Gerade wegen dieser Einfachheit sind die Werkzeuge wirkungsvoll und vielseitig nutzbar. Aber, und das ist die große Herausforderung: Wir müssen diese Werkzeuge mit Konsequenz und Geradlinigkeit einsetzen, um an diesem Einfachen dran zu bleiben. Denn das Komplexe und Schwere ist uns so vertraut, dass wir dauernd in die alten problemorientierten Muster zurückverfallen.

Die alten Reflexe, Denkgewohnheiten und wenig produktiven Formen des Umgangs mit Problemen und Herausforderungen sitzen tief. Sie werden spontan, unmerklich und schnell abgerufen. Das gilt besonders für Momente, in denen es emotional heiß her geht – sei es mit anderen oder in der Auseinandersetzung mit uns selbst.

Drei einfache Fragen haben die Wende im Gespräch mit Leichtigkeit bewirkt. Fragen, die uns anfänglich auf verwirrende und überraschende Weise einladen, die Blickrichtung zu ändern, um auf Möglichkeiten, statt Hindernisse, auf Lösungen statt Probleme und Ressourcen statt Mangel zu fokussieren:

- **Was wird da sein, wenn das Problem gelöst ist?** Hier etwas komplexer als „Wunderfrage“ formuliert.[7] Weitere Formulierungsmöglichkeiten finden Sie im folgenden Abschnitt.
- **Was wird stattdessen da sein?** Wenn bei der Lösungsbeschreibung negativ formuliert wird, zum Beispiel „Ich denke nicht mehr so viel an Petra“, dann stellen wir eine Klärungs- und Präzisierungsfrage: „Woran denkst du stattdessen?“
- **Was wird noch da oder anders sein, wenn das Wunder passiert, das Problem gelöst und die Herausforderung bewältigt ist?**

Mit diesen drei Fragen können Sie in jeder Problemsituation und bei jedem Driften in die Tiefen der Problemhölle die Wende einleiten, um eine neue Ausrichtung im Gespräch, im eigenen Denken oder beim Schreiben zu bewirken. Diese Fragen leiten die lösungsorientierte Sequenz ein und bilden damit den ersten Schritt, um Probleme in Herausforderungen zu verwandeln. Mit diesem ersten Schritt erneuern wir die Beziehung zu unserer existenziellen Kreativität, zu unseren wesentlichen Zielen und unserer tiefen Lebendigkeit – selbst wenn wir uns zuvor von uns selbst und unser Kraft abgeschnitten fühlten.

ZUR LÖSUNGSVISION IM SELBSTCOACHING

Wenn Sie die Technik des lösungsorientierten Fragens bei sich selbst anwenden wollen, dann können Sie folgendermaßen vorgehen. Stellen Sie sich im ersten Schritt eine der folgenden **Was-Ist-Da-Wenn-Das-Problem-Weg-Ist-Fragen**:

- **Standardvariante**: Was ist da, wenn das Problem verschwunden ist (ich keinen Liebeskummer mehr habe, ich nicht mehr rauche, ich keine Probleme mit Nachbar Schultze mehr habe)?

- **Zeitreise**: Wann in der Zukunft wird das Problem gelöst sein? Wenn ich mich an diesen Punkt in der Zukunft begebe: Woran merke ich, dass ich das Problem gelöst und die Herausforderung bewältigt habe?
- **Wunderfrage**: Ich lege mich ins Bett und schlafe tief und fest. In der Nacht passiert ein Wunder. Das, was mich bezogen auf das problematische Thema belastet hat, ist auf einmal verschwunden. Am nächsten Morgen wache ich auf, weiß aber nicht, dass ein Wunder geschehen ist, weil ich geschlafen habe. Was ist das Erste an dem ich nach dem Aufwachen merke, dass ein Wunder passiert ist?

Notieren Sie die Antworten im Präsens. Ihre Ziele werden kraftvoller, Ihr Erleben wird emotionaler und Ihre Vorstellungen konkreter, wenn Sie sich beim Erarbeiten eines Ziels vorstellen, schon dort angekommen zu sein. Übersetzen Sie also alle Formulierungen, die mit dem Konditional arbeiten (hätte, wäre, würde), in die Gegenwartsform (ich habe, ich bin, ich tue). Das gleiche gilt für alle Formulierungen, die mit dem Futur arbeiten (ich werde ...).

Wenn negative Antworten kommen, dann stellen Sie sich die **Was-Stattdessen-Frage**:

- Ich bin nicht mehr so traurig. Wie fühle ich mich stattdessen?
- Ich fühle mich nicht mehr so schlapp. Wie fühle ich mich stattdessen?
- Schultze guckt nicht mehr so mürrisch. Wie guckt er dann?

Wenn Sie einen Lösungsaspekt umfassend erschlossen haben, dann gehen Sie mit der **Was-Noch-Frage** über zum nächsten Lösungsaspekt:

- Woran merke ich noch, dass ich das Problem gelöst und die Herausforderung bewältigt habe?

Kommen negative Antworten, dann nutzen Sie wieder die **Was-Stattdessen-Frage**. Fragen Sie so lange „was noch“, bis Sie wirklich ins Grübeln über weitere Aspekte der Lösung kommen. Fragen Sie dann noch ein oder zwei Mal weiter. Dieser Prozess ist vielleicht mühsam, weil er Sie kreativ und geistig fordert, aber oft kommen wesentliche Aspekte der Lösung erst dann, wenn Sie das vertraute Gelände und die konventionellen Bahnen Ihres Denkens verlassen.

Wenn Sie ein attraktives, konkretes und detailreiches Lösungsszenario entwickelt haben, dann nutzen Sie **Priorisierungsfragen**:

- Welches sind die Aspekte, die einen echten Unterschied machen?
- Welche Aspekte des Lösungsszenarios sind wesentlich, besonders bedeutsam und bringen einen deutlichen Unterschied in der Perspektive?

Häufig sind es weniger die großen Veränderungen und weltbewegenden Umbrüche, mit denen wir schwierige Situationen bewältigen. Oft sind es die kleinen Dinge, die einen großen Unterschied machen. Bezogen auf Christian: Vielleicht ist das Töpfern viel wichtiger als das Haus am Meer.

Wenn Sie die Fragen in einem Gespräch mit anderen nutzen wollen, dann übersetzen Sie die Formulierungen einfach entsprechend in die „du“- oder „Sie“-Form.

DER ERSTE SCHRITT AUF EINEN BLICK

Sie können Ihre Probleme analysieren, versuchen diese zu verstehen und die Wahrheit über Ursachen und Schuldige herauszufinden. Doch mit diesem Vorgehen verbraten Sie viel Energie und kommen der Lösung kaum näher.

Sie können sich stattdessen einige einfache Fragen stellen, die Ihren Fokus von der Vergangenheit auf die Zukunft lenken:

- Was wird da sein, wenn das Problem gelöst ist?
- Woran merke ich, dass die Herausforderung bewältigt ist?
- Woran noch?

So mobilisieren Sie Energie und stoßen einen kreativen Suchprozess an, der Sie mit Ihrer Lebenskraft verbindet. Ihre Verfassung, Ihre Perspektive und Ihre körperliche Spannung ändern sich. Ihr Geist öffnet sich. Sie finden neue Handlungsmöglichkeiten, wo Sie sich zuvor im Strudel des Problemdenkens verloren haben.

SPEZIFISCH UND ALLGEMEIN

2. SCHRITT: DIE LÖSUNGSVISION KONKRETISIEREN UND ERWEITERN

Häufig sind die Bilder, die im ersten Augenblick der Konzentration auf die Lösung kommen, Metaphern. Im Lösungsbild von Christian geht es vielleicht weniger darum, in einem Haus am Meer zu wohnen, als vielmehr darum, viel Zeit auf entspannte und angenehme Weise in der Natur zu verbringen. Vielleicht geht es weniger darum, dass Stephanie aus Salzburg nach Bordeaux zieht, sondern darum, dass Christian Zeit mit einer Frau verbringt, die für ihn wesentlich attraktive Eigenschaften besitzt.

Es lohnt sich oft, wenn wir den Blick in einem zweiten Schritt öffnen und vom Speziellen zum Allgemeinen gehen – in Christians Beispiel von der speziellen Wohnsituation am Meer zu den Bedürfnissen und Wünschen, die in dieser speziellen Wohnsituation versinnbildlicht sind. Ausgehend von diesem allgemeineren Verständnis unserer Bedürfnisse können wir dann mit größerer Freiheit eine Vielfalt von Lösungsalternativen erkunden.

Auf einmal kommt uns ein Haus in Italien oder auf Mallorca in den Sinn oder ein Häuschen am Bodensee. Vielleicht gehen wir dann noch einen Schritt weiter und bewegen uns durch eine Wohnung, die eine große Terrasse besitzt – naturnah und ruhig gelegen. Vielleicht erkennen wir dann nach und nach, dass wir uns ein Fleckchen Erde wünschen, das uns Schutz vor dem Trubel der Welt bietet und doch offen ist für die gleichzeitig beruhigende und belebende Weite der Natur. Und andere wesentliche Bedürfnisse kommen in den Blick: Wir werden uns bewusst, dass wir gerne Menschen einladen und uns von jenen überraschen lassen wollen, die spontan vorbeikommen. Die Wohnung darf also nicht ganz weit draußen liegen, sondern vielleicht eher am Stadtrand.

Manchmal sind die speziellen Bilder, die auftauchen, Klischees aus Film, Fernsehen und anderen vermeintlich heilen, aber künstlichen Medienwelten. Dann sehnen wir uns nach Übertreibungen und Idealisierungen, die in der Wirklichkeit schwer zu finden sind und möglicherweise sogar schwer zu ertragen wären. An solchen falschen und übertriebenen Vorstellungen können wir uns intensiv abarbeiten. Eine „geniale“ Art, uns mit neuen Frustrationen und Varianten des ursprünglichen Problems durch Fixierung auf eine ganz bestimmte Lösung zu versorgen:

- „So und so muss der ideale Partner sein.“
- „Diese spezielle Arbeit ist die einzig wahre.“
- „So muss das Haus aussehen, in dem ich glücklich werde.“
- „Dieser Wohnort muss es sein.“
- „Dieses Monatseinkommen muss ich erreichen.“

Das Leben ist manchmal unbequem, aber klar und eindeutig, mit den Enttäuschungen, die es uns beschert. Es ist nur eine Frage der Zeit, bis wir in der aufrichtigen und entschlossenen Auseinandersetzung mit unseren Träumen und Zielen zum Konkreten und Lebbaren vordringen, wo wir zuvor an unseren fixen Ideen festgehalten haben.

Wenn wir uns vom Problem ab- und uns einer Lösungsvision zuwenden, dann ist es einerseits wichtig, Lösungen möglichst spezifisch, also sinnlich erfahrbar herauszuarbeiten. Andererseits ist es wichtig, offen für unterschiedliche Möglichkeiten zu bleiben, wie wir unsere wesentlichen Bedürfnisse und Interessen befriedigen können. In dieser beweglichen Haltung zwischen spezifisch und offen folgen wir gelassen unserer Intuition und dem Lauf der Dinge.

TAUSEND IDEEN, ABER KEIN PLAN

Martha ist siebenunddreißig. In ihren Zwanzigern hatte sie Marketing mit Schwerpunkt Tourismus studiert, doch war sie mehr damit beschäftigt gewesen, die ganze Welt zu bereisen und Fotos von exklusiven Hotels für Fachmagazine, Hochglanzbroschüren und Bildbände zu machen, als ihr Studium erfolgreich abzuschließen.

Sie führte ein wunderbar leichtes Leben, das irgendwann von Ruben durchkreuzt wurde. Ruben war ein attraktiver Rasta, den sie mit achtundzwanzig in Greenwich Village[8] kennenlernte. Er war ein Freigeist, Künstler und Frauenversteher wie aus dem Bilderbuch. Er konnte sich so wenig zwischen den Frauen entscheiden, wie zwischen seinen kreativen Spielplätzen, welche Schauspielerei, Tanz und das anspruchsvolle Leben eines modernen Schriftstellers umfassten. Auch Martha hatte so ihre Schwierigkeiten mit Entscheidungen, doch ihre Entscheidungslähmung bezog sich vor allem auf das Thema Beziehung und Erotik. Sie konnte sich zu dieser Zeit kaum zwischen Männern und Frauen entscheiden und wählte meist temporäre oder – komplizierter – parallele Lösungen.

Natürlich war Martha alt genug, um sich für Details wie Persönlichkeit, finanziellen Status und mögliche gemeinsame Perspektiven zu interessieren, bevor sie sich den ursprünglicheren Formen zwischenmenschlicher Kommunikation zuwandte. Doch bei Ruben war es ihr nicht gelungen, die vernunftgesteuerten Methoden der Annäherungsverlangsamung in Anschlag zu bringen. Sein Charme und noch einiges mehr hatten sie förmlich übermannt. Dabei war für den Einsatz von Verhütungsmitteln kein Raum geblieben.

Fünf Monate später fand sich Martha mit leichter Rundung des Bauches in der Morgenmaschine nach Frankfurt am Main. Sie war aufgewühlt von den letzten Monaten verzweifelten Kämpfens um eine gemeinsame Perspektive mit Ruben. Jetzt hatte sie diesen Kampf verloren. Sie hatte leicht panische Gefühle angesichts des bevorstehenden Lebens als Alleinerziehende mit einem exotischen Kind im beschaulichen Heidelberg. Ziemlich planlos stand sie vor der Frage, wie sich ihr weiteres Leben nun wohl entwickeln würde.

Paul kam dreieinhalb Monate später etwas zu früh auf die Welt. Er entpuppte sich als quicklebendiges Geschenk und auch Marthas restliches Leben fand nach und nach in einigermaßen geregelte Bahnen. Der Kontakt zum Vater entwickelte sich zu einem Balanceakt zwischen finanziell beschränkten Spielräumen, stabilen Sehnsüchten Marthas und ebenso stabilen Enttäuschungen Pauls über angekündigte Besuche und Ferien, die Ruben aufgrund „wichtiger" terminlicher Gründe häufig im letzten Moment absagte. Abgesehen davon lief es – auch dank der Unterstützung ihrer Mutter – ganz gut.

Im Kindergarten fand sich Paul schnell zurecht. Er hatte den Charme seines Vaters und den sprühenden Witz seiner Mutter, womit er Erzieherinnen und Kinder gleichermaßen um den Finger wickelte. Als er in die Schule kam, fingen die Probleme an. Er konnte kaum eine Minute still auf dem Stuhl sitzen. Er quatschte einfach ungefragt dazwischen, während die Lehrerin damit beschäftigt war, etwas zu erklären. Er kam auf völlig eigenartige Gedanken, die mit dem aktuellen Thema kaum in Verbindung zu bringen waren und fing an, andere Kinder während des Unterrichts und in den Pausen zu ärgern. Das hatte das Halbjahresorientierungsgespräch mit der Lehrerin im ersten Schuljahr ergeben. Martha war entsetzt.

Drei Begriffe nahm sie mit aus dem Gespräch. Diese hatte sie zuvor schon in der Tagespresse aufgeschnappt: ADHS, Ritalin und Hochbegabung. Mit diesen Stichworten machte sie sich auf eine Google-Pirsch, bei der sie mehr Beute machte, als sie (er)tragen konnte. Sie fand Artikel, Verbände und hochdifferenzierte, aber uneindeutige Abhandlungen zu den Themen ADHS, auffällige Kinder in der Schule und Hochbegabung.

Martha versuchte Pauls Verhalten mit ihren schwierigen Lebensumständen zu erklären. Sie erklärte mal den abwesenden Vater zur Problemursache – darüber hatte sie ein Buch gelesen – mal ihre eigene unbestimmte Unzufriedenheit. Sie fragte sich, ob sie ihrem Sohn als Alleinerziehende zu viel Aufmerksamkeit schenkte und ihn für ihre Sehnsucht nach Liebe und Geborgenheit missbrauchte – auch darüber hatte sie gelesen.

Sie vertiefte sich ins Lebenswerk Alice Millers[9] und arbeitete sich durch gefühlt hundert Ratgeber für alleinerziehende Mütter. Sie informierte sich über die besonderen Probleme, die bei Kindern aus interkulturellen Beziehungen auftauchen konnten, und widmete sich eingehend den Themen ADHS und Hochbegabung.[10]

Sie wollte einiges in Sachen Erziehung verändern. Sie fing an, den gemeinsamen Alltag besser zu organisieren und bemühte sich, gut mit Grenzen, Medienkonsum und Absprachen umzugehen. Auch wenn sie manchmal das Gefühl hatte, sie ticke nicht mehr ganz richtig. Ihr Sohn war schließlich erst sieben und Martha hatte Vorstellungen von Kindheit, Erziehung und Schule, die sich nicht so leicht in Übereinstimmung bringen ließen mit jenen von Frau Schulthe-Wirtz, der Lehrerin.

Sie hatte das Gefühl, ihr Sohn mache erste Fortschritte in Sachen Anpassungsfähigkeit und Kooperation im Schulalltag. Ein Gefühl, das sich im Abschlussgespräch mit der Lehrerin am Ende der ersten Klasse bestätigte. Umso heftiger erwischte sie der Anruf der Lehrerin an einem Donnerstagnachmittag im Oktober. Paul habe sich ohne ersichtlichen Grund auf den Tisch gestellt, einen obszönen Text gerappt und sich sowohl Hose als auch Unterhose heruntergezogen.

Martha versank in einem Strudel der Verzweiflung. Erst wurde sie von Versagensgefühlen als Mutter geplagt. Dann wurde sie wütend auf sich selbst, auf Ruben, das Leben, noch einmal auf sich selbst und natürlich auf die blöde Lehrerin. Zuletzt stand sie düster vor einer imaginären Leinwand, auf welche sie Pauls weitere Schullaufbahn mit grau, rot und lila gehaltenen Fratzen pinselte.

Es dauerte eine ganze Weile bis sie wieder zur Besinnung kam und ein wenig Abstand fand. In einem Moment der Klarheit erinnerte sie sich an das lösungsorientierte Vorgehen, das sie bei den Paarberatungsgesprächen mit Ruben in New York kennengelernt hatte. Sie setzte sich mit Papier, Stift und einem Cappuccino an den Küchentisch und begann, die Kristallisationspunkte der Problemsituation in einem kurzen Brainstorming aufzulisten. Schnell fanden sich Begriffe wie Lehrerin, Pädagogik, Ruben, Martha, Paul, ADHS, Hochbegabung und weitere ungeordnet auf dem Papier. Sie verband die Begriffe, die zueinander in Bezug standen, mit Linien. Sie kritzelte hier und da ein kurzes Bild dazu, und hörte erst wieder auf, als sie den ganzen Wust an Gedanken, Fragen und emotionaler Ladung nach draußen gebracht hatte.

Wenn Sie versuchte, das ganze Thema zeitlich einzuordnen – irgendwie musste sie etwas Struktur ins Chaos bringen – dann war sie zuversichtlich, das Problem in einem Jahr bewältigen zu können. Für diesen Zeitpunkt entwickelte sie ein schriftliches Lösungsszenario. In ihren Lösungsüberlegungen war Martha darum bemüht, einen angemessenen schulischen Rahmen für Paul zu schaffen. Doch beim Schreiben wurde ihr schnell bewusst, dass dem Sohn der Vater, oder wenigstens eine Vaterfigur, fehlte. Vielleicht brauchte er auch eine angepasste Pädagogik. Aber viel schmerzlicher wurde ihr bewusst, das ihr selbst etwas Wesentliches fehlte: ein Umfeld, das ihrer kreativen Natur und ihrem Bedürfnis nach Inspiration, Austausch und intensiver Begegnung gerecht wurde. Es ging also einerseits um Paul, er war schließlich der Anlass für ihre Überlegungen, andererseits ging es aber um ihre eigene Zufriedenheit, ihr Glück und damit um die Frage, was sie ihrem Sohn im Alltag vorlebte. Es war, das musste sie sich selbst eingestehen, vielleicht sogar einfacher, sich auf Pauls Probleme zu stürzen, anstatt sich ernsthaft mit ihren eigenen Bedürfnissen und Entwicklungseinladungen auseinanderzusetzen.

Mit New York, Montessoripädagogik[11] und einem Künstler als Partner kamen schnell konkrete Bilder und Lösungsansätze. Bezogen auf ihre berufliche Entwicklung notierte sie sich: „Etwas Künstlerisches, irgendwie mit Menschen, bei dem ich genug Geld verdiene. Vielleicht auch ein cooles Café." Sie fühlte sich nur halb wohl mit den Lösungen, die sie für sich fand. Das ganze fühlte sich noch etwas roh und konstruiert an. Es barg darüber hinaus viele Widersprüche und vorerst unauflösliche Zielkonflikte.[12]

Eine kurze Rückbesinnung auf den lösungsorientierten Prozess machte ihr schnell bewusst, dass ihre beruflichen Vorstellungen noch zu allgemein geblieben waren, um echte Orientierung zu bieten. Sie musste die berufliche Perspektive im nächsten Schritt weiter differenzieren, um diese greifbarer und damit attraktiver zu machen. So würde sie auch die Voraussetzungen schaffen, um später konkrete Schritte aus konkreten Zielen ableiten zu können.

Andere Ideen waren dagegen schon zu speziell, zu ausgefeilt und zu konkret und ließen dabei wenig Spielraum für Experimente mit unterschiedlichen Lösungswegen. Deshalb machte sie sich daran, die überkonkreten und überspezifischen Lösungsansätze bezüglich Wohnort, Pädagogik und Partner etwas weiter zu verallgemeinern.

MAILAND ODER MADRID? HAUPTSACHE SPANIEN!

Martha machte sich zuerst daran, die speziellen Lösungsansätze unter die Lupe zu nehmen. New York schien ein idealer zukünftiger Lebensmittelpunkt: Paul wäre seinem Vater nahe, sie kannte sich aus und die Stadt hielt mehr von dem bereit, was ihr wichtig war, als sie nutzen konnte. Andererseits gab es auch Schattenseiten: Sie wäre in Rubens Nähe und hätte doch nichts davon. Das würde ihr nur wehtun. Darüber hinaus war die

Größe der Stadt perfekt gewesen, als sie noch jünger und nur für sich selbst verantwortlich war. Sie hatte das Tempo, den Lebensrhythmus und das Flair von Risiko geliebt. Doch jetzt gab es Paul und damit hatte diese Highspeed-Singlestadt einiges an Attraktivität verloren. Außerdem hatte sie ihr soziales Netzwerk mit Freunden und Familie in Deutschland. Seitdem sie Mutter war fühlte sie sich in dieser Umgebung sicher und aufgehoben und wollte gar nicht mehr so dringend weg, wie zu früheren Zeiten.

„Verdammt!" Alles schien verzwickt und außerdem so unauflöslich ambivalent, doch sie hangelte sich tapfer an der lösungsorientierten Struktur weiter.

„New York? Was gefällt mir an New York überhaupt? Was ist mir an New York wichtig? Ich mag die vielen unterschiedlichen Menschen. Die Dynamik. Die kreative Szene im Village. Ich liebe das Lebensgefühl der Megametropole.

Wenn ich in New York bin, dann bin ich einfach ich selbst. Dann pulsiert die Energie in mir ganz natürlich. Es gibt so viele interessante Leute, die wirklich etwas bewegen wollen und manchmal auch tatsächlich etwas bewegen. Man stolpert geradezu über Intellektuelle, die über ihren Tellerrand hinausblicken und sich ernsthaft mit wesentlichen Themen auseinandersetzen. Aber es sind nicht nur die Menschen, die mich anziehen. Da ist auch die Stadt an sich mit Architektur, Museen und Theatern; all die coolen Boutiquen, Cafés und Clubs; Brooklyn, Long Island und Central Park. Die Stadt hat einen unwiderstehlichen Charme. Ich vibriere einfach innerlich vor Lebendigkeit, wenn ich dort bin.

Gibt es Orte, die ähnlich sind? Rio de Janeiro war anders, mit der Musik und den Favelas.[13] Und doch gibt es auch dort diesen interkulturellen Mix aus Kreativen und Intellektuellen. Aber die Stadt und die Lebensweise der Brasilianer mit ihrem Mañana-Spirit und Machismo[14] sind mir doch auch fremd. Und die Stadt ist definitiv nichts für Kinder. Barcelona? Genial und außerdem mit dem Auto zu erreichen, wenn ich wollte. Hat auch etwas für sich. Aber da sprechen sie Spanisch oder besser: Katalanisch. Und wie ist es dort mit Kind?

Berlin? Zürich? London? London ist noch eine Option – mal vom Wetter abgesehen. Aber ist das Wetter so entscheidend? New York war wettermäßig ein Alptraum: eiskalt im Winter, unerträglich schwül und heiß im Sommer.

New York, Berlin oder Zürich könnten Sinn machen. Wobei Berlin und Zürich näher liegen – auch kulturell – und ich könnte so einfacher Kontakt mit Freunden und Familie halten. Einige Freunde habe ich schon an beiden Orten. Diesen beiden Optionen sollte ich mal weiter nachgehen."

Ähnlich ging sie mit Montessori-Pädagogik und potentiellem Partner vor. Ihr wurde klar, dass es ihr weniger um eine spezielle Pädagogik ging, als um eine offene schulische Umgebung und Lehrer, die sich auf die individuellen Begabungen und Lernbedürfnisse der Schüler einstellten. Sie hatte diesbezüglich sowohl Positives als auch Negatives über Montessori-Schulen gehört. Alles stand und fiel mit den Lehrern, der Beziehung zwischen Eltern und Lehrern und dem allgemeinen Klima an einer Schule. Von Freunden aus der Schweiz hatte sie gehört, dass es dort viele Ansätze einer sinnvollen Pädagogik gab, die sich um individuelle Förderung der Kinder bemühte. Aber auch Berlin hatte sich in den letzten Jahren zu einer wahren Familien- und Kinderoase mit vielfältig differenzierten pädagogischen Angeboten entwickelt.

Nachdem Martha ihre ursprünglich etwas eng gefassten Lösungsideen aufgeweicht und verallgemeinert und auf diesem Weg neue Entwicklungsrichtungen erkundet hatte, machte sie sich daran, die allgemein gehaltenen Überlegungen zu ihrer beruflichen Entwicklung weiter zu konkretisieren.

„Was meine ich eigentlich mit künstlerisch? Puh, schwierige Frage. Selbst wenn ich es genauer benennen könnte, lässt sich damit doch kaum Geld verdienen. Und was kann ich da schon vorweisen? Mist, jetzt bin ich schon wieder problemorientiert.

Angenommen, ich könnte mit Kunst Geld verdienen, was würde ich dann tun? Ich könnte als Kuratorin in einem Museum arbeiten, Ausstellungen planen und vorbereiten. Ich könnte als Museumspädagogin[15] mit Kindern arbeiten. Aber da fehlen mir doch die entsprechenden Ausbildungen. Und jetzt habe ich weder Zeit, noch Geld, um diese nachzuholen. Was könnte ich stattdessen machen?

Ich könnte mein Marketing-Knowhow reaktivieren. Ich könnte mein Studium beenden und in einer Agentur arbeiten. Aber die machen da nur so stupide, kommerzielle Projekte. Das würde mir doch keinen Spaß machen. Und ob mein Vordiplom in Zeiten von Bachelor und Master noch etwas wert ist, weiß ich auch nicht. Was könnte ich stattdessen machen?

Vielleicht könnte ich bei einem gemeinnützigen Verband etwas in Richtung Marketing und Öffentlichkeitsarbeit machen. Das wäre genial. Bei der Caritas, der Diakonie oder bei Greenpeace. Aber warum sollten die mich nehmen? Da sollte ich mal drüber nachdenken: Was macht mich zu einer gefragten Mitarbeiterin im Marketing für eine gemeinnützige Organisation?

Was würde ich denn genau machen, wenn ich da einen Job bekäme? Nein, lösungs- und gegenwartsorientiert: Was mache ich denn genau, jetzt wo ich mich für einen freien Träger um das Marketing kümmere? Ich entwickle Konzepte und Storyboards.[16] Ich mache Umfragen und führe Interviews mit Spendern, Hilfeempfängern und den operativen Mitarbeitern. Und ich entwickle in der Konsequenz Kampagnen, die wichtige und kritische Fragestellungen thematisieren.

Und was hat das alles mit Paul zu tun? Na, der würde mich dann endlich als Mutter erleben, die ihr Leben in die Hand nimmt und etwas aus ihren Talenten macht. Er hätte endlich mit einer Mutter zu tun, die weniger herumeiert und stattdessen weiß, was sie will, und sich dafür einsetzt.

Diesen Gedanken muss ich weiter nachgehen und ich muss mich mal ein bisschen umschauen. Ich könnte mal mit Paul ein Wochenende nach Berlin oder ein paar Tage nach Zürich fahren, um einen konkreteren Eindruck vom Lebensgefühl und Alltag dort zu bekommen. Aber insgesamt wird die Richtung schon klarer und die möglichen Lösungen fühlen sich ganz brauchbar an. Ich hoffe nur, dass ich mit meiner Hypothese richtig liege und Paul tatsächlich davon profitiert, wenn ich mich wieder intensiver um meine eigenen Bedürfnisse kümmere."

LÖSUNGSIDEEN KONKRETISIEREN UND ERWEITERN

Martha machte sich schriftlich an die Arbeit und hatte schnell wesentliche Aspekte einer möglichen Lösung herausgearbeitet. Für Außenstehende mag es paradox erscheinen, dass viele Gedanken, die ihr zur Lösung der Schulprobleme ihres Sohnes kamen, kaum etwas mit diesen Problemen direkt zu tun hatten. Sie folgte intuitiv dem Gedanken, dass die Probleme ihres Sohnes auch etwas mit ihr zu tun hatten. Sie hatte viele Bücher gelesen und ein Gedanke, der sie fasziniert hatte, war jener, dass sich bei ihrem Sohn etwas zeigte, was sie eigentlich bei sich selbst lösen musste. Ihre Aufgabe bestand ihrer Einschätzung nach eher darin, ihren Sohn vom negativen Erbe ihrer eigenen ungelösten Fragen in Sachen sozialer Kontakte und beruflicher Entwicklung zu befreien, als sich ausschließlich auf dessen Probleme zu fokussieren.

Manche ihrer Lösungsansätze waren zu speziell, wie New York und Montessoripädagogik zum Beispiel. Sie machten eine Erweiterung auf weitere Lösungsalternativen nötig. So konnte sich Martha neue Spiel- und Experimentierräume für einen möglichst geschmeidigen Entwicklungs- und Veränderungsprozess eröffnen. Folgende Fragen stellte sie sich zu diesen konkreten Lösungen:

- Was bedeutet mir …?
- Was ist mir wichtig an …?
- Was gefällt mir an …?
- Was verspreche ich mir von …?
- Kenne ich das oder Ähnliches auch aus anderen Kontexten oder in anderen Formen?

So erweiterte sie nach und nach ihre Handlungsmöglichkeiten. Die Alternativen, die sie erschloss, waren dennoch konkret und Martha machte sich bewusst, was sie mit den Varianten verwirklichen, beziehungsweise für sich und Paul an Lebensqualität erschließen wollte.

Manche der ersten Lösungsansätze, die sie entwickelt hatte, blieben hingegen zu allgemein. So war es schwierig für sie, Ansatzpunkte für konkrete Aktivitäten auszumachen. Hier nutzte Martha **Spezifizierungsfragen**, um die allgemeinen Lösungsideen zu konkretisieren. Folgende Fragen stellte sie sich zu den allgemeinen Lösungsideen:

- Was genau meine ich mit …?
- Was genau mache ich, wenn ich …?
- Wo genau ist das …?

Weitere Fragen könnten sein:

- Woran merke ich, dass …?
- Wann genau …?

Auf diese Weise entwickelte sie konkretere Vorstellungen von einer möglichen beruflichen Perspektive. Im weiteren Verlauf könnte es sich lohnen, wenn sie noch einmal auf das Thema „Café“ als spielerisches Element zurückkommt und klärt, was genau ihr daran wichtig ist. Denn manchmal vergessen wir in problembelasteten Situationen, dass wir uns zwar einerseits um nützliche und sinnvolle Lösungen kümmern müssen, aber andererseits auch Lustvolles und Leichtigkeit in diesen Lösungen „verbauen“ müssen, wenn diese ihre maximale Potenz nachhaltig entfalten sollen.

Manchmal scheinen Aspekte, die ein leichtes Moment in sich tragen, abstrus, verrückt und manchmal sogar größenwahnsinnig. Doch häufig lassen sich diese ganz gesund und bodenständig in eine Lösung integrieren, die erst dadurch wirklich rund und kraftvoll wird.

KONKRETISIEREN UND ERWEITERN IM SELBSTCOACHING

Gehen Sie die Notizen zu Ihrer Lösungsvision durch. Folgen Sie Ihrer Intuition und markieren Sie die wesentlichen Aspekte. Betrachten Sie Ihr Lösungsszenario dann noch einmal genauer unter folgenden Fragestellungen:

- Welche Punkte müssen spezifiziert und welche verallgemeinert werden?
- Welche Aspekte der Lösung sind so speziell und spezifisch, dass sie mir kaum Luft zum Atmen und kaum Spielräume für Experimente lassen?
- Welche Aspekte der Lösung sind noch so allgemein gehalten, dass sie mir kaum Orientierung für das weitere Vorgehen bieten?

Legen Sie bei sehr spezifischen Lösungsideen die allgemeinere Bedeutung frei, welche dieser Lösungsaspekt für Sie hat. So finden Sie Hinweise auf andere Möglichkeiten und Zugangswege, um das entsprechende Bedürfnis oder Interesse zu befriedigen. **Verallgemeinerungs- bzw. Deutungsfragen** sind:

- Was bedeutet mir …?
- Was ist mir wichtig an …?
- Was gefällt mir an …?
- Was verspreche ich mir von …?
- Aus welchen anderen Kontexten oder in welcher anderen Form kenne ich das?

Spezifizieren Sie allgemeine Antworten mit **Spezifizierungsfragen**, um diese konkreter und damit greifbarer sowie umsetzbarer zu machen:

- Was genau meine ich mit …?
- Was genau mache ich, wenn ich …?
- Wo genau ist das …?

- Wann genau …?
- Woran merke ich, dass …?

DER ZWEITE SCHRITT AUF EINEN BLICK

Wenn Sie eine Lösungsvision entwickeln und dabei Ideen von Ihrer erwünschten Zukunft sammeln, dann legen Sie sich manchmal zu früh auf spezifische Lösungsmöglichkeiten fest. Diese Möglichkeiten können sich schnell zu handfesten Blockaden mausern, wenn Sie sich auf diese versteifen, statt weitere Varianten und Alternativen zu sammeln. Das Motto lautet dann häufig „entweder so oder gar nicht". In der Konsequenz läuft es dann meist auf „gar nicht" hinaus und alles bleibt beim vertrauten Alten. Manch Therapeut und Coach munkelt, das sei genau die Strategie bei der Alles-Oder-Nichts-Haltung: Man bleibt beim unbequemen Alten und Vertrauten und erspart sich das Risiko sowie die verunsichernden Momente, die häufig mit echter Entwicklung und Potentialentfaltung einhergehen.

Neben den sehr spezifischen Ideen gibt es andere, die so vage bleiben, dass es schwierig wird, konkrete Schlussfolgerungen, Ziele und nächste Schritte daraus abzuleiten. Hier ist es wichtig, genauer hinzuschauen und die Ideen weiter zu differenzieren. Erst wenn die Lösung konkret wird, übt sie eine unwiderstehliche Attraktivität auf uns aus. Und es ist diese Attraktivität, die uns Lust macht, in die Pötte zu kommen. Auch hier wird gemunkelt, es sei eine Strategie, mit der wir den Status Quo erhalten und existenzielles Wachstum vermeiden wollen, wenn wir uns in Allgemeinplätzen und vagen Andeutungen verlieren.

Um Wachstum, Entwicklung und nachhaltige Problemlösung zu ermöglichen, nehmen Sie sich im zweiten Schritt des lösungsorientierten Prozesses beide Aspekte vor: sehr Allgemeines und sehr Spezifisches. Sie klären die allgemeinere Bedeutung Ihrer eindeutigen Ideen und entwickeln Varianten, mit denen Sie Ihr zugrundeliegendes Interesse ebenso befriedigen können. Weiterhin konkretisieren Sie vage und abstrakte Ideen, um ein Gespür für die Lösung und ein klares Bild von dieser zu entwickeln. So koppeln Sie einerseits innen an Ihre Lebenskraft an und finden andererseits konkrete Ansatzpunkte außen, um ihre Lösung umzusetzen.

EIN KLEINES BISSCHEN WUNDER

SCHRITT 3: NUTZEN, WAS (NICHT) DA IST

Jetzt haben Sie eine umfassende und nachhaltige Lösungsvision entwickelt. Sie haben allgemeine Aspekte Ihrer Lösung spezifiziert und Alternativen zu sehr spezifischen Lösungsaspekten entwickelt. Vielleicht sagen Sie sich jetzt: „Ist ja schön und gut, aber wie soll mir das jetzt weiterhelfen? Mein Problem ist immer noch das gleiche. Daran hat sich gar nichts geändert. Klar, ich hatte für einen kurzen Moment ein Hochgefühl, doch nur, um sofort wieder in meinem Problemsumpf zu landen. Wofür soll das gut sein?"

Sie haben Energie mobilisiert. Sie haben sich aus der Problemhypnose in einen anderen Zustand begeben. Sie haben bereits konkrete Ansatzpunkte gefunden, um ihre aktuelle Herausforderung zu bewältigen. Doch Problemperspektive und Problemdynamik haben immer noch große Kraft. Eine solch tiefsitzende Dynamik lässt sich nicht so schnell verändern, überwinden und durch produktivere Alternativen ersetzen. Während das Problemdenken Sie vermutlich immer wieder in seinen Bann zieht, sind Sie eingeladen Ihre Augen für eine wesentliche, aber oft übersehene Realität zu öffnen: Sie haben schon einen beachtlichen Weg in die richtige Richtung unternommen. Sie haben schon einen Teil der Lösung verwirklicht. Es gab bereits Momente in Ihrer Vergangenheit und es gibt immer wieder Momente, in denen es schon ein bisschen so war und ist, wie es sein wird, wenn Sie Ihre Lösung verwirklicht haben.

Im dritten Schritt des lösungsorientierten Prozesses nehmen Sie sich genau dieser Momente an. Sie kümmern sich um die konkreten Ansatzpunkte der Lösungsverwirklichung, die Sie in all jenen Situationen ausmachen können, die dem Wunder ähnlich sind oder waren. Sie begeben sich also auf die Suche nach sogenannten Ausnahmen vom Problem. Im Zweifelsfall nehmen Sie, gleich Sherlock Holmes, die Lupe in die Hand, um auch kleinste Situationen aufzuspüren, die der Lösung ein kleines bisschen nahe kommen. Es ist nötig und wichtig, dass Sie in diesem Schritt, gleich einem kriminalistischen Spurensicherungsteam, sorgfältig und mit Ausdauer Ihren Erfahrungshorizont abschreiten, um auch geringe Vorkommen der erwünschten Zukunft zu finden.

Wieso? Weil wir das Problem mit jenem Tunnelblick stabilisieren, der mit der Problemdenke einhergeht. In einer massiven Ausprägung findet sich diese hypnotische, alles andere ausschließende Konzentration auf problematische Phänomene bei Phobien. Wir richten unsere Aufmerksamkeit auf das Problem und bauen unseren inneren Monolog dicht um dieses Problem herum. So verlieren wir nach und nach den Überblick (erinnert sei an das Problemgeröllfeld aus dem Kapitel *Solution Focus*) und damit den Ausblick auf all jene Aspekte unseres Lebens, die schon gut und richtig sind und darüber hinaus dienlich sein könnten, um das Problem zu lösen. Mit der Suche nach Ausnahmen kehren wir diesen fatalen inneren Trend um und finden konkrete Ansatzpunkte, um der Lösung zum Durchbruch zu verhelfen.

Wenn Sie bei Ihrer Spurensuche fündig werden, dann finden Sie heraus, was Sie zu diesen kleinen oder großen Ausnahmen vom Problem beigetragen haben und beitragen. Weiterhin experimentieren Sie, vorerst gedanklich, mit Möglichkeiten, wie Sie ausgehend von diesen Ausnahmen handeln können, um Raum für die Lösung zu schaffen und Ihre Ziele zu erreichen.

STAND- UND SPIELBEINGESTOLPER

Sebastian hatte eine Lehre als Groß- und Einzelhandelskaufmann gemacht. Die folgende Tätigkeit bei einem Logistikunternehmen hatte ihm über einige Jahre Spaß gemacht, aber es gab noch ein anderes wichtiges berufliches Thema in seinem Leben, das er so nebenbei entwickelte: Webdesign und Webprogrammierung. Anfänglich war es für ihn nur ein Hobby gewesen. Er hatte sich immer für Computer, Programmierung und Design interessiert.

Eine Weiterbildung zum Webdesigner hatte er neben dem Beruf bei einem Träger der Erwachsenenbildung gemacht, aber das meiste lernte er, während er kleine Projekte für Freunde und die beiden Vereine umsetzte, in denen er aktiv war. In manchen Bereichen kannte er sich besser aus, als ein paar seiner Bekannten, die beruflich Webseiten erstellten. Das war der Vorteil des Amateurs:[17] Er war nicht pausenlos in Projekte eingebunden, angehalten, den Status Quo zu wahren und technische Neuerungen mit Vorsicht auf Distanz zu halten. Er war ganz vorne mit dabei, was den neuesten Stand der Webentwicklung anging. Er las einschlägige Blogs[18] und Webseiten der amerikanischen Westküste. Er tummelte sich auf den entsprechenden Plattformen – sowohl mit Fragen als auch mit Tipps für die Internet-Entwickler-Community auf der ganzen Welt.

Er hatte schon länger mit dem Gedanken gespielt, mit seinem Hobby ein berufliches Spielbein[19] zu entwickeln, das sich im besten Fall zu einer beruflichen Vollzeitaktivität als Freiberufler entwickeln würde. Er hatte sich in dieser Hinsicht bei der IHK schlau gemacht, einen Gründerkurs an einem Wochenende besucht und die letzten Monate genutzt, um die ersten Projekte gegen Bezahlung umzusetzen. Er war zwar noch nicht an dem Punkt angekommen, wo es wirklich eng wurde, aber allmählich wurde es schwieriger, die Webprojekte zwischen und neben seiner hauptberuflichen Tätigkeit abzuwickeln.

Er spürte, dass er auf dem Weg war, sich in ein schwierig zu lösendes Dilemma zu manövrieren: Auf der einen Seite befand sich seine gegenwärtige Tätigkeit mit einem gesicherten Einkommen, die aber mittlerweile zur Routine geworden war. Auf der anderen die riskante, aber lockende Selbstständigkeit als Webentwickler, die durchaus interessante Perspektiven in Aussicht stellte, was das Einkommen anging. Es war absehbar, dass Sebastian auf Dauer eine Entscheidung würde treffen müssen.

Natürlich hatte er große Lust, sich in Richtung Webentwicklung und Selbständigkeit zu bewegen. Die wesentliche Frage, die ihn diesbezüglich quälte: Woher sollten die Kunden kommen? Dabei ging es schließlich nicht um die zwei, drei Kunden pro Jahr, die er aktuell nebenbei akquirierte. Er musste einen steten Strom an Aufträgen generieren, mit denen er nicht nur sein Überleben sichern, sondern die Grundlage für ein spannendes und sympathisches Leben schaffen würde. In seiner Phantasie bestand dieses aus einem angenehmen, durch finanzielle Spielräume gestaltbaren Privatleben einerseits und aus spannenden Projekten andererseits. Die Informationen, die er bei der IHK-Veranstaltung zum Thema Vertrieb bekommen hatte, waren eher dürftig gewesen. Die hochfliegenden Berichte über Einkommensmöglichkeiten im Internet, die er auf manch amerikanischer Webseite fand, schienen ihm eher dubios und boten wenig Orientierung.

Mit den Geschichten von Kollegen und aufgrund seiner bisherigen Erfahrungen hatte er bezüglich Kundenakquise eine eher düstere Stimmung entwickelt. Wann immer er sich mit dem Thema beschäftigte, wurde er schlecht gelaunt, lenkte sich ab oder verlor sich ziellos auf irgendwelchen Webseiten über Verkauf und erfolgreiche Selbstständigkeit. Das Ergebnis war immer das gleiche: Sein Kopf schwirrte, sein Bauch verkrampfte sich und seine Zuversicht schrumpfte auf die Größe einer Erdnuss zusammen. Dann landete er immer wieder auf diesen anderen Seiten. Verlor sich in einem hypnotischen Labyrinth aus Bildchen und Filmchen und vergaß die Zeit. Er konnte sich wohl für einen kurzen Moment entspannen, doch fühlte er sich nachher immer wieder leer, falsch und fremd.

Wenn Sebastian genauer hinschaute, dann wurde ihm bewusst, dass sich sein Problem auf zwei Hauptebenen und auf einer weiteren abspielte. Zum einen ging es um die konkreten Fragen, die sich auf die Vermarktung, den Verkauf und die Abrechnung seiner Dienstleistung bezogen. Zum anderen ging es darum, sich ein eher mühseliges Thema sowohl theoretisch zu erschließen, als auch so zu verinnerlichen, dass er sich entspannt in Richtung Selbstständigkeit würde weiterbewegen können. Darüber hinaus musste er sich eingestehen, dass er schon zu lange alleine war. Es fiel ihm schwer, eine Frau zu finden, die ähnliche Freude an sinnlichen Abenteuern hatte wie er selbst und an intellektuellen Höhenflügen in unterschiedlichen Feldern.

Die Lösung, die Sebastian über die **Wunderfrage** für die unterschiedlichen Ebenen entwickelte, stellte sich so dar:

„Ich wache auf und neben mir liegt Sarah, die keusche afrodeutsche Aphrodite, die ich liebe[20]. Aber die interessiert sich doch überhaupt nicht für mich. Egal. Ich habe ein leichtes Kribbeln im Bauch und kann nicht genau sagen, ob es an Sarah und der letzten Nacht liegt, an dem, was vor dem Aufstehen hoffentlich noch passieren wird, oder an dem genialen Webprojekt, das ich als freier Mitarbeiter einer pfiffigen Agentur gerade umsetze. Heute bleibe ich zuhause in meinem Homeoffice, wie die meiste Zeit, wenn ich an Webprojekten arbeite.

Wann fange ich eigentlich an zu arbeiten? Nachdem Sarah und ich noch ein bisschen Spaß hatten, gefrühstückt haben und sie zur Arbeit aufgebrochen ist. Dann lese ich noch ein bisschen in meinen Fachzeitschriften und -büchern. So gegen neun Uhr öffne ich meine Projektmanagementsoftware und schaue, was dran ist.

Was ist jetzt mit meinem Marketing- und Verkaufsthema? Bin ich nicht zu schnell? Ich wollte doch gar nicht zu hundert Prozent in die Selbständigkeit einsteigen, bevor ich das Thema nicht absolut klar habe. Mit der Lösung stimmt etwas nicht.

Ah, ich habe mit Hauser von der Personalabteilung gesprochen und ausgehandelt, dass ich nur noch drei Tage die Woche arbeite. Somit kann ich jetzt ziemlich risikofrei die Möglichkeiten meiner Selbstständigkeit ausloten. Aber das ist doch dummes Zeug, darauf würden die sich niemals einlassen ... Oder vielleicht doch? Da muss ich mir eine gute Verhandlungsstrategie überlegen ...

Ich habe mir selbst ein Lernprojekt zusammengebastelt: Erst schaffe ich mir Marketinggrundlagen drauf und dann setze ich das ganze um – hilft mir ja nachher auch für die Arbeit mit meinen Kunden. Wenn ich so weit bin, dann mache ich mich an das Thema Verkaufsgespräche.

Und wie fühle ich mich da in meinem Wunder? Ziemlich gut. Im Augenblick läuft es ganz gut. Ein oder zwei Aufträge habe ich noch. Aber ein bisschen mulmig ist mir schon. Im Zweifelsfall habe ich immer noch mein Einkommen bei Schwarte & Gunther."

Vier Aufgaben standen bei Sebastian auf der Lern- und Potentialentwicklungsagenda:

1. Eine Partnerin finden!
2. Eine Partnerin finden!!!
3. Einen neuen Arbeitsvertrag aushandeln.
4. Marketing und Vertriebsknowhow aufbauen.

EIN TÄNZCHEN MIT RESSOURCEN WAGEN

Entsprechend dem lösungsorientierten Ablaufschema machte sich Sebastian daran, Ausnahmen zu finden. Er suchte also in seiner Erinnerung nach Situationen, die schon ein bisschen wie das Wunder gewesen waren. Dann würde er klären, was er selbst zu diesen Ausnahmesituationen beigetragen hatte. So würde er Zugang zu seinen Fähigkeiten, Erfahrungen und konkreten Handlungsmöglichkeiten finden.

„Wie ist das damals mit Fabienne eigentlich gelaufen? Sie hatte Liebeskummer und ich habe sie getröstet. Danach haben wir uns immer mal wieder getroffen und geplaudert. Die ersten Wochen war es eher ungefährlich. Bis sie dann einmal etwas schärfer aufkreuzte. Ich glaube, wir wollten tanzen gehen. Das haben wir dann nicht mehr geschafft.

Was habe ich da genau gemacht? Ziemlich wenig eigentlich. Fabienne kam ja an, als hätte sie sich nur zum Ausgezogenwerden angezogen, quasi mit Schleifchen und Schildchen: Verpackung bitte hier öffnen! Zum sofortigen Verzehr geeignet. Achtung heiß! Eigentlich war ich einfach nur da. Ich habe zugehört, aber doch auch ziemlich viel geredet. Ich habe immer wieder Witzchen gerissen. Ich glaube, das hat das Eis gebrochen. Ihre Kommunikation war auch eher von der eindeutigen Sorte: schmachtende Blicke, eine kleine Berührung hier, ein Streifen mit dem Körper da ... Dann wurde es halt ziemlich eng in der Küche ... Es war nett, aber für eine längerfristige Beziehung interessierte sie mich nicht genug.

Das kann ich gar nicht mit Sarah vergleichen. Die ist vollkommen unerreichbar und unnahbar für mich. Aber stimmt das wirklich oder sind das nur Befürchtungen? Ich habe mich ja noch nie um die Frauen bemüht, die mich wirklich interessieren. Da druckse ich immer nur herum. Bisher habe ich mich immer auf jene konzentriert, die offensichtlich interessiert waren und sich auf mich zubewegten. Warum kümmere ich mich eigentlich nicht um die Frauen, die ich wirklich attraktiv finde? Bin ich zu feige? Nee, ich bin zu gewöhnlich. Was sollen die Frauen, die mir gefallen, denn von mir wollen? Dahergelaufener Speditionskaufmann mit Golf 3 und Zweizimmerwohnung? Ach Mist, problemzentrierter Scheiß ...

Wie machen das andere denn? Wie macht das Florian? Der schleppt doch reihenweise die ganz scharfen Hexen nach Hause und ist auch nicht wirklich super reich. Sieht vielleicht ein bisschen besser aus. Durchtrainiert und so. Und er mimt den Kühlen. Macht sich rar. Hat immer drei Frauen gleichzeitig am Start ... Vielleicht sollte ich da mal ein bisschen experimentieren. Da gab es doch dieses Buch ...

Und mit dem Marketingthema? Wenn ich daran denke, mich mit der Theorie herumzuschlagen, dann bekomme ich jetzt schon eine Halbseitenlähmung. Die Bücher, die ich mir in Bibliothek und Buchhandlung angeschaut habe, eignen sich wunderbar zum Einschlafen. Wo ist mir das mit dem Lernen denn früher mal leicht gefallen? Genau, bei der Webtechnologie. Da lerne ich doch dauernd etwas, ohne es mir vorzunehmen. Fühlt sich überhaupt nicht wie Lernen an. Wie mache ich das mit dem Webkram denn? Wie lerne ich das ganze Zeug, das ich für die Projekte brauche? Das fällt mir doch total leicht. Aber das liegt wahrscheinlich am Thema, oder? Wenn es am Thema liegt, dann hilft mir das hier auch nicht weiter. Woran könnte es noch liegen, dass mir das so leicht fällt?

Ich lese kaum Bücher. Ich arbeite doch schon von Anfang an in irgendwelchen Projekten und stoße da auf konkrete Probleme, die ich dann lösen muss. Ist eigentlich wie eine Art Quiz. Wenn ich auf eine Knobelaufgabe treffe, wühle ich mich halt durchs Internet und suche mir zusammen, was ich brauche, um das konkrete Problem zu lösen. Das finde ich dann auf englischsprachigen Webseiten, in Blogs und Foren. Wenn ich ein Thema vertiefen will, dann organisiere ich mir schon mal ein Buch.

Wie kann ich diese Erfahrung und dieses Vorgehen auf das Thema Marketing übertragen? Ich könnte ein Projekt aufsetzen, in dessen Verlauf ich meinen eigenen Webauftritt und meine Corporate Identity[21] entwickle. Ich lege einfach mal los und dann, wenn ich nicht mehr weiter weiß, dann suche ich im Internet konkrete Lösungen für konkrete Probleme. Obwohl ich da aufpassen muss. Mir scheint, dass in den USA Dinge im Marketing erlaubt sind, die bei uns gar nicht funktionieren. Ich könnte mich auch mal mit anderen zusammensetzen, die auch selbstständig sind. Vielleicht mal mit Hauke. Der ist zwar Musiker, aber er muss ja trotzdem seine Band promoten ...“

Das gleiche machte er dann noch für die Frage, wie er am besten mit seinem aktuellen Arbeitgeber in Sachen Vertragsänderung verhandeln könnte.

RESSOURCEN AUFSPÜREN UND NUTZEN

Sebastians Lösungsvision war schon ziemlich entwickelt und differenziert. Es stellt sich natürlich die Frage, ob es wirklich Sarah sein muss. Selbst, wenn ihm viel an Sarah liegt, könnte sich die „Eroberung“ schwierig gestalten, wenn er sich auf diese eine „Option“ versteift. Es ist schwierig, spielerisch, inspiriert und humorvoll zu kommunizieren, wenn man damit beschäftigt ist, die vermeintlich „einzige Option klar zu machen“, von der alles abhängt. Bei aller Romantik sollte er klären, was ihn an Sarah fasziniert, um so eine Idee davon zu entwickeln, welche Frauen ihn wirklich interessieren. So kann sich Sebastian **vom Speziellen zum Allgemeinen** bewegen und im Anschluss vielleicht etwas lockerer und spielerischer mit dem „experimentieren“, was zwischen ihm und Sarah sowie anderen Frauen, die ihn interessieren, möglich ist.[22]

Interessanterweise fand Sebastian im Prozess des Durcharbeitens zu einer etwas entspannteren und risikoärmeren Variante des Übergangs in die Selbstständigkeit. Ausgehend vom riskanten „Alles oder Nichts“ – Spedition oder Selbständigkeit als Webentwickler – entwickelte er zumindest als Zwischenschritt die Idee eines möglichen „sowohl als auch“ – ein bisschen Spedition, ein bisschen Selbständigkeit. Allerdings wird er hier mit einer weiteren Lernaufgabe konfrontiert, die er zuvor noch vermeiden konnte: Er muss mit dem aktuellen Arbeitgeber über seine Ziele und eine Neugestaltung seines Arbeitsverhältnisses verhandeln.

Im Verlauf des Schreibprozesses erinnert er sich an Situationen in seinem Leben, in denen es schon einmal ein bisschen so war, wie in seiner angestrebten Lösung. Fabienne, eine frühere Affäre, fällt ihm ein. Er rekonstruiert, was damals passiert ist, und vor allem, was er konkret getan hat, um mit Fabienne zusammenzukommen. Doch findet er hier wenig Hilfreiches für seine aktuelle Fragestellung. Er erkennt allenfalls sein Standardmuster im Umgang mit Frauen und entwickelt erste Ideen, wie er seine Spielmöglichkeiten erweitern könnte.

Beim Thema „Marketingfähigkeiten entwickeln" zieht er Parallelen zu seinem Lernstil rund um das Thema „Webentwicklung" und findet konkrete Ansatzpunkte, wie er vorgehen kann. Interessanterweise kommt er noch auf andere naheliegende Ideen. So will er beispielsweise den Austausch mit Freunden und Kollegen intensivieren. Es wird zwar nicht klar, woher diese Idee kommt, aber wahrscheinlich entspringt sie einfach dem gesunden Menschenverstand. Dieser ist manchmal eine gute Quelle für Lösungsansätze und birgt viele Hinweise auf Problemausnahmen, die sich allgemein bewährt haben. Diese müssen allerdings differenziert auf die eigene Situation übertragen werden. Darüber hinaus überträgt Sebastian hier seine Erfahrungen mit kollegialem Austausch in virtuellen Netzwerken (Socialmedia, Blogs, Foren) auf die Situation der realen, zwischenmenschlichen Begegnung.

Etwas Weiteres fällt auf: Sebastian bleibt nicht bei seinen eigenen Erfahrungen stehen, sondern denkt darüber nach, wie andere in entsprechenden Situationen vorgehen. So bezieht er sich in seinen Überlegungen zum Beispiel auf Florian, als es darum geht, seine „Flirt- und Baggerkompetenz" auszubauen. Darüber hinaus zieht er in Betracht, einen Ratgeber zum Thema „Flirten und Verführen" zu lesen. Über den „Umweg" des Modells erschließt er sich so weitere Handlungsmöglichkeiten. Nach und nach entwickelt er konkrete Ansatzpunkte, um mit der Verwirklichung seiner Lösung zu beginnen.

RESSOURCENORIENTIERUNG IM SELBSTCOACHING

Im ersten Schritt des lösungsorientierten Vorgehens haben Sie Ihre Lösungsvision nachhaltig und konkret entwickelt. Im zweiten Schritt haben Sie für sehr spezifische Lösungsaspekte Varianten entwickelt und allgemeine, wenig konkrete Lösungsansätze konkreter und sinnlich erfahrbar präzisiert.

Im dritten Schritt koppeln Sie an Ihre vorhandenen Fähigkeiten und Handlungsmöglichkeiten an. Damit machen Sie sich bewusst, dass Sie schon einiges wissen und können, um Ihre Situation in Richtung Lösung zu verändern. Diesen Punkt könnten Sie schnell abtun und als unbedeutende Nebensache übergehen. Aber die Forschung belegt, dass es einen beachtlichen Zusammenhang zwischen Motivation sowie Handlungsfähigkeit gibt und dem Gefühl, etwas Sinnvolles bewirken zu können.[23]

Weiterhin erarbeiten Sie sich Ansatzpunkte und Handlungsoptionen, die Sie auf dem Weg zur Lösung nutzen können. Stellen Sie sich folgende **Ausnahme-Fragen**, um hilfreiche Ausnahmen zu entdecken:

- Wo war es schon einmal ein bisschen so wie in der Lösungssituation?
- Wo ist es aktuell so oder ähnlich wie in der Lösungsvision?
- Vielleicht nur ein klitzekleines bisschen?
- Vielleicht nur ganz kurz?
- Wo noch?
- Welche ähnlichen und/oder übertragbaren Situationen habe ich durchlebt oder kennengelernt?
- Was habe ich getan, um diese Situationen hervorzubringen?
- Woher kenne ich diese Situation (Lösungsszenario) noch?
- Was haben andere getan oder was tun sie, um die entsprechende Situation hervorzubringen?

DER DRITTE SCHRITT AUF EINEN BLICK

Während die Lösungsvision unserem Prozess Energie und Richtung verleiht, brauchen wir darüber hinaus eine Route mit Etappen und Wegmarken, auf der wir ausgehend von unserer gegenwärtigen Alltagswirklichkeit das Wolkenkuckucksheim auf dem

Gipfel unserer Lösung einigermaßen sicher erreichen können. Wir brauchen Anhaltspunkte, um auf diese Route zu gelangen, und wir brauchen geschickte Hilfsmittel, die uns helfen, die Route zu bewältigen.

In diesem Sinne lädt uns das lösungsorientierte Vorgehen ein, uns im dritten Lösungsschritt auf frühere oder gegenwärtige Erfahrungen zu beziehen, die der Lösungsvision nahe kommen. Dies können auch Erfahrungen aus einem anderen Kontext sein, die sich verallgemeinern und auf den aktuellen Kontext der Lösungsvision übertragen lassen. Sobald dieser Bezug hergestellt ist finden wir heraus, was wir zu einem früheren Zeitpunkt konkret getan haben oder in einem vergleichbaren Kontext aktuell tun, um Lösungsähnliches hervorzubringen.

Auf diese Weise finden wir einerseits konkrete Ansatzpunkte, um mit der Veränderung der problematischen Situation zu beginnen. Andererseits, und das ist von ebenso großer Wichtigkeit, werden wir uns all dessen bewusst, was wir an Fähigkeiten, Erfahrungen und Hilfsmitteln zur Verfügung haben oder zu einem früheren Zeitpunkt zur Verfügung hatten, um unsere Lösung nach und nach zu verwirklichen.

DIE LÖSUNG VERWIRKLICHEN

4. SCHRITT: EXISTENZIELLES PROJEKTMANAGEMENT

So weit so gut! Sie haben also eine Lösung erarbeitet. Sie haben nachhaltig und differenziert unterschiedliche Lösungsansätze, -varianten und -wege entwickelt. Sie haben sich Gedanken darüber gemacht, woher Sie Situationen in Ihrem Leben kennen, die Ihrer Lösungsvision nahe kommen – vielleicht nur in kleinen Teilen, vielleicht in großen. Möglicherweise haben Sie auch ähnliche oder übertragbare Situationen gefunden, aus denen Sie Ansätze für die Umsetzung Ihrer Lösung ableiten können. Wahrscheinlich haben Sie sich auch Gedanken darüber gemacht, wen Sie kennen oder woher Sie Situationen kennen, die Ihrem Traum von der erwünschten Zukunft nahe kommen. Haben Sie dabei an Freunde, Kollegen oder gar unbequeme Zeitgenossen[24] gedacht, die Sie nicht besonders mögen? Haben Sie, etwas abstrakter, unterschiedliche Medien wie Bücher, Hörbücher, Filme, Gedichte, Bilder, Lieder oder ähnliches hinzugezogen?

Unabhängig davon, was Sie genutzt haben, sollten Sie diesen anderen, aber ähnlichen Situationen auf den Zahn gefühlt und konkrete Fähigkeiten, Ansatzpunkte und Erfahrungen ausgegraben haben, die Sie nun nutzen können, um Ihr Ziel zu erreichen. Vielleicht verfügen Sie in vollem Umfang über die erpirschten Fähigkeiten, wahrscheinlich aber müssen Sie vorhandene ausbauen oder eingeschlafene reaktivieren. Manchmal müssen Sie ausgehend von Grundlagen vollkommen Neues lernen, also Wissen um neues Wissen und Erfahrungen um neue Erfahrungen erweitern. Vielleicht verfügen Sie bereits über nötige Hilfsmittel und Werkzeuge oder Sie müssen sich diese erst noch beschaffen. Vielleicht müssen Sie alte, verstaubte Werkzeuge wieder hervorkramen, reparieren und für den Einsatz auf Vordermann bringen.

Vielleicht können und sollen Sie auf vorhandene Kontakte, Freunde und Bekannte zugehen, vielleicht auch alte Streitäxte begraben. Vielleicht sollen Sie neue Kontakte knüpfen, Ihre natürliche oder anerzogene Scheu überwinden und hier und da um Unterstützung bitten. Möglicherweise sind Sie auch gefordert, Ihre Interessen endlich mal selbstbewusst und offen zu vertreten sowie Ihre Sicht auf die Dinge und lang gehütete Veränderungs- und Verbesserungsvorschläge mit Nachdruck und Entschlossenheit an geeigneter Stelle vorzubringen.

Kurzum: Irgendwann wird es Zeit, den Elfenbeinturm des lösungsorientierten Prozesses zu verlassen und konkrete Schritte in die Welt hinein zu unternehmen, um Ihre Lösungsstrategie auf die Probe zu stellen und mit ersten Ansätzen zu experimentieren. Sie sind dabei gefordert, einerseits offen und beweglich dem sich abzeichnenden Lösungspfad zu folgen und andererseits in Verbindung mit Ihren wesentlichen Bedürfnissen, Sehnsüchten und Interessen zu bleiben. Denn letztere lassen sich an der Oberfläche auf ganz unterschiedliche Weise erfüllen und verwirklichen. Deswegen ist es auch vollkommen okay und meist sinnvoll, Wegvarianten zu wählen, die eine entspannte Reise ermöglichen, und Lösungsvarianten, die sich zeitnah und ressourcenschonend realisieren lassen. Aber in der Tiefe verlangen Träume, Sehnsüchte und übergeordnete Ziele nach radikaler Treue und Loyalität. Ich erspare Ihnen hier den Verweis auf Altes und Neues Testament. Die Weg- und Lösungsvarianten müssen trotz gewisser Freiheiten also immer eine Teilmenge der größeren Sehnsuchts- und Interessenmenge oder, anders formuliert, des tiefen Wertegemenges sein.

Wir sind Sklaven und Gefangene unserer tiefen Sehnsüchte und Träume, selbst wenn wir diese zeitweise verraten und damit so tun, als könnten wir in willkürlicher äußerer Freiheit unser Lebensglück finden. Aber es gibt ein geniales existenzielles Paradox, das, so wird gemunkelt, am Ursprung aller Leichtigkeit und Heiterkeit steht: In dieser „Sklaverei" und „Gefangenschaft" finden wir wahre Befreiung, wahres Glück und tiefe Geborgenheit. Kurzum: Der direkteste und effektivste Weg zu Lebensfreude, Gelassenheit und wesentlicher Intensität besteht darin, diesen Sehnsüchten und Träumen in der Tiefe die Treue zu halten, während wir an der Oberfläche in Resonanz mit Menschen und Dingen flexibel und beweglich unseren Sternen folgen.

Jetzt, nachdem wir so vieles besprochen haben, stellt sich die Frage, welches denn der nächste konkrete Schritt unter all den möglichen ist? Was tun Sie zuerst, wenn Ihre Lösung beispielsweise „Auswandern" heißt? Können Sie das spontan aus dem Bauch heraus entscheiden? Oder wie gehen Sie da konkret vor?

Mein Vorschlag: Folgen Sie Ihrer Intuition. Machen Sie jenen nächsten Schritt, den Ihre innere Stimme über Resonanz mit äußeren Hinweisen und inneren Ahnungen aufzeigt. Bahnen Sie sich dann Ihren Weg, indem Sie einen Fuß vor den anderen setzen. Bleiben Sie offen für alle inneren Impulse. Achten Sie auf alle Formen von Rückmeldungen von Menschen und Dingen und die Resonanz oder Dissonanz, welche diese in Ihnen auslösen. Behalten Sie dabei das nächste Etappenziel im Blick. Und behalten Sie das endgültige Ziel Ihres aktuellen Pilgerweges im Herzen. So bleiben Sie auf Kurs, auch wenn das Gelände unwegsam wird, Sirenen Sie auf ihre Insel und damit in den Untergang locken wollen oder Sie in dichte Möglichkeitswälder geraten ...

AUSWANDERN? NA, KLAR!
ÄH, WARTE MAL ...

Helge und Mareike hatten sich vor vier Jahren über eine Online-Partnervermittlung gefunden. Nach einigen frustrierenden Bruchlandungsdates mit sehr kreativen Selbstinszenierern hatte sich Helge als echter Glücksgriff entpuppt. Er war ein paar Jahre älter, als Mareike geplant hatte. Aber das stellte sich als angenehme Überraschung heraus, denn er war auch ein paar Jahre erfahrener.

Sie hatten sofort Spaß mit- und aneinander gehabt. Das erste Treffen war entspannt, lustig und unterhaltsam verlaufen. Und auch auf anderen Ebenen hatten sie schnell zueinander gefunden. Beide hatten Freude am Reisen oder waren vielmehr frustriert über ihr gegenwärtiges Leben. Die Menschen um sie herum schienen ihnen zu eingefahren und hatten sich in ihren kleinen bürgerlichen Paradiesen eingerichtet. Da fanden sie wenig Anschluss mit ihrer lebendigen Art, ihren großen Träumen und ihrer überschäumenden Kreativität – zumal Mareike.

Auch untereinander kamen sie da manchmal an ihre jeweiligen Grenzen. Mareike konnte zu regelrechten Höhenflügen abheben, während Helge es doch etwas gemütlicher und bodenständiger mochte. Alles in allem verband sie der gemeinsame Traum, ihren Lebensmittelpunkt in südlichere Gefilde zu verlegen. Ihnen gefiel die Vorstellung, viel Zeit, vielleicht auch zukünftig mit gemeinsamen Kindern, draußen in der Natur zu verbringen. Und sie sehnten sich eben nach Menschen, die ihrem kommunikativen, beweglichen und initiativen Temperament näher waren, als jene, die sie in der deutschen Provinz um sich hatten.

Wann immer sie Freunden und Bekannten von ihrem Traum erzählten, nach Mallorca überzusiedeln, ernteten sie hochgezogene Augenbrauen, angewidert zusammengekniffene Augen und Rückfragen wie „Wieso gerade Malle? Ist doch voll die Prollinsel!“

Mareike und Helge hatten bei wiederholten Aufenthalten einen anderen Eindruck gewonnen: Sowohl in der deutschen als auch in der englischen Exil-Community hatten sie Freunde gefunden, die ihnen in wenigen Wochen enger ans Herz gewachsen waren, als die meisten Menschen, mit denen sie privat und beruflich in ihrem deutschen Alltag zu tun hatten.

Bei ihrem ersten gemeinsamen Urlaub hatten sie sich in den Südosten der größten Insel der Balearen verliebt und knobelten seitdem immer wieder an der Frage, ob sie den Schritt wirklich wagen sollten. Sie verfolgten die einschlägigen Auswandererdokus im Fernsehen – mal inspiriert, mal angewidert und mal verblüfft über die Naivität, mit der manche eine solche Entscheidung trafen und dann umsetzten.

Sie wollten ihr Projekt gewissenhafter angehen. Übers Auswandern hatten sie schon einige Bücher gelesen. Sie hatten sich außerdem intensiv mit der wirtschaftlichen Struktur der Lieblingsferieninsel der Deutschen auseinandergesetzt und sich mit den formalen Anforderungen eines Umzugs vertraut gemacht. Darüber hinaus hatten sie gemeinsam einige Spanischselbstlernkurse absolviert. Sogar ein Spezialkurs Mallorquinisch war darunter.

Trotz dieser gewissenhaften Vorbereitung gerieten sie regelmäßig aneinander. Helge, ganz der bodenständige Bäckermeister, der er war, wollte erst noch die „finanziellen Ressourcen" stärken. Mareike, versierte Projektmanagerin bei einem Reiseunternehmen, wollte den Schritt so schnell wie möglich vollziehen. Helge, vertraut mit körperlich anstrengenden, aber überschaubar komplexen Anforderungen in der Backstube, sah einen unüberwindlichen Berg vor sich, vergleichbar einer anspruchsvollen und gefährlichen Hochgebirgstour. Mareike hingegen, die mit kritischen Entwicklungen umgehen musste, große Budgets verwaltete und regelmäßig anspruchsvolle Fernreisen für ihre Kunden plante und koordinierte, kam der Umzug eher wie eine normale Wanderung an einem Sonntag im Herbst vor.

Von ihr kam auch der Vorschlag, die Umsetzung ausgehend von ihren bisherigen Überlegungen lösungsorientiert anzugehen und als Projekt zu planen.

LEGST DU ETAPPEN FEST, ALDER

Ihre Vorstellung vom gemeinsamen Leben auf Mallorca war schon ziemlich weit gediehen. Sie wollten sich anfänglich eine Wohnung oder ein Haus im Inland bei Campos mieten. Es sollte maximal zehn bis fünfzehn Kilometer vom nächsten Strand entfernt liegen. Dort wollten sie später eine kleine Finca kaufen. Und sie wollten eine deutsche Bio-Bäckerei eröffnen. Das war ein wichtiger Baustein ihres Plans.

Ihr Ziel war es weniger, trockenes Krümelgebäck unter die Leute zu bringen, als vielmehr, außergewöhnlich schmackhafte Backwaren und süße Leckereien zu produzieren. Als Kunden hatten sie Finca-Hotels, deutsche Einwohner und die experimentierfreudige Restbevölkerung im Blick. Ausgewählte Hotels, Cafés und Cantinas in Palma sowie in den Touristenzentren der Insel hatten sie bereits ausbaldovert.

Darüber hinaus träumten sie von einer netten, an die Bäckerei angeschlossenen Café-Lounge, von Live-Veranstaltungen und eigenen Keksen in ansprechender Verpackung, die sie lokal und über das Internet vertreiben wollten.

Mareike wollte darüber hinaus Spezialreisen für Alleinerziehende mit qualitativ hochwertiger Kinderbetreuung organisieren. Die Mamis und Papis sollten endlich mal wieder Zeit haben, guten Gewissens am Strand oder Pool abzuhängen, durch die Klamotten- und Schuhgeschäfte Palmas zu bummeln und an ein oder zwei Abenden einige Stunden in den Bars der Insel-Metropole zu verplaudern. Sie entwickelte diese Ideen unter dem Motto „Alleinerziehende und Alleinerziehender gesellen sich gerne“ – im Zweifelsfall für ein paar nette Stunden.

„Boah, ich kann mir das zwar vorstellen. Aber wenn ich daran denke, dann wird mir ganz mulmig zumute“, sagte Helge zu Beginn ihres gemeinsamen Projekt-Meetings.

„Das ist ganz normal, Helge! Lass uns das ganze doch erstmal in angemessene Portionen aufteilen. Lass uns einfach mal schauen, wie Etappen aussehen könnten. Dann können wir mal schauen, welche kritischen und riskanten Punkte es gibt und dann können wir uns doch erstmal auf die nächsten konkreten Schritte konzentrieren."

„Rom wurde auch nicht an einem Tag erbaut, oder wie? Na ja, meinetwegen. Aber können wir nicht erst noch mal kurz durchspielen, wie es sich anfühlen wird, in Mallorca auf unserer Finca weit ab von den Ohren unserer Mitmenschen ein bisschen Spaß miteinander zu haben?"

„Scherzkeks! Erst die Arbeit, dann das Vergnügen. Lass uns doch einfach mal sammeln und dann das ganze nachher sortieren. Einverstanden?"

„Okee dokee. Wohnung dort finden. Wohnung hier auflösen. Oder erst noch behalten – man weiß ja nie ..."

„Zeug einlagern, das wir nicht mitnehmen wollen. Krankenkasse für die erste Zeit organisieren. Den Wechsel zur spanischen vollziehen. Abmelden und dort anmelden", zählte Mareike auf und fügte die Punkte zur ungeordneten Liste auf ihrem DIN A4 Block hinzu.

„Gewerbe anmelden. Bäckerei finden oder gründen. Fehlende Maschinen besorgen. Marketing machen. Rezepte testen und verbessern", kam Helge in den Sinn.

„Transporter mieten. Fähre buchen. Businessplan erstellen."

„Hm, vielleicht müssen wir doch noch einen Zwischenschritt einschieben, Mareike. Ich habe das Gefühl, das wir uns da ganz schön was zumuten, wenn wir Umzug und Unternehmensgründung in einem Schritt vollziehen. Mich überfordert die Vorstellung."

„Ach Quatsch, das kriegen wir hin! Natürlich müssen wir das gut planen. Aber alles in allem ist das doch machbar. Wenn wir uns sowieso schon neu erfinden, dann können wir doch alles in einem Rutsch machen."

„Also mir wäre es lieber, erstmal da anzukommen und in Ruhe unsere Heringe in den Boden zu schlagen. Einfach erstmal ein paar Nächte da sein. Ein paar Wochen verstreichen lassen. Kontakte knüpfen. Schauen, wie das da so läuft, weißt du?"

„Und wie sollen wir das finanzieren?", fragte Mareike.

„Na ja, vielleicht kannst du deinen Job noch ein bisschen weiter laufen lassen und ich fang derweil schon mal an, die

Bäckerei langsam aufzubauen, die Wohnung einzurichten und so."

„Wie bitte? Du willst dir da in der Sonne 'ne schöne Zeit machen, während ich mir hier was abfriere und weiter als Reise-tante rumzapple? Kommt gar nicht in die Tüte, du Verräter!"

„Aber wir reden hier doch nicht von Jahren. Vielleicht ein, zwei Monate. Damit der Übergang ein bisschen sanfter läuft. Was denkst du?"

„Jetzt ehrlich? Das willst du nicht wissen! Aber lass uns das mal mit auf die Liste nehmen: Übergangsrituale. Den Übergang sanft gestalten."

„Also mich entspannt das total, wenn wir das so machen könnten", sagte Helge.

„Das habe ich verstanden. Guckst du? Hab isch krass notiert, locker?"

„Nachsendeantrag. Steuerkram. Eintrag ins Handelsregister. Auto ummelden", ergänzte Helge.

„Am Strand spazieren. Abschiedsparty in Deutschland oder vielleicht besser nicht. Wäre ja peinlich, wenn wir nach drei Monaten zurückkommen", sagte Mareike.

„Wie, nach drei Monaten zurückkommen? Das ist jetzt aber nicht dein Ernst, oder?"

„Man wird ja noch ein Späßchen machen dürfen."

„Späßchen?", erwiderte Helge. „Ich lach mich gleich tot."

„Kündigen."

„Ja", sagte Helge. „Ich und du ein bisschen später ..."

„Hm, das müssen wir noch klären", erwiderte Mareike. „In einem Unternehmer-Club Mitglied werden. Vielleicht auch in einem Golf- Club."

„Peinlich. Willst du jetzt die Business-Frau mimen?"

„Wieso mimen? Ich bin es schon und du wirst es noch werden!".

„Eine Frau? Das ist unwahrscheinlich ..."

„Okay", sagte Mareike. „Ich glaube das Gröbste haben wir zusammen. Dann lass uns das doch mal sortieren. Was muss wann passieren? Welche Aufgaben sind von anderen abhängig und welche können wir parallel erledigen?"

„Ja, und was sind die Meilensteine? Nennt man das nicht so? Meilensteine und Todeslinien?"

„Deadlines, aber vielleicht reden wir lieber von Ziellinien. Also ich sehe folgende Etappen: Recherchieren und Informieren – damit sind wir schon ziemlich durch. Planen – damit haben wir gerade begonnen ..."

„Ja, aber vielleicht müssen wir auch erstmal eine Entscheidung treffen, ob, wann und unter welchen Voraussetzungen wir den Schritt wagen wollen", sagte Helge.

„Das Ob steht doch wohl nicht mehr zur Debatte, oder?", erwiderte Mareike.

„Nee, stimmt. Aber wann und unter welchen Bedingungen. Finanziell und so. Ich brauch da Spielräume."

„Okay, können wir diesen Klärungsteil mit der Planung verbinden?", fragte Mareike.

„Na gut, einverstanden. Dann sollten wir uns da auch über die Frage unterhalten, wie wir den Übergang gestalten."

„Okay. Also, dann haben wir: Planung, Ankunft in Mallorca vorbereiten, Deutschland abwickeln mit oder ohne Übergang, Umziehen, Ankommen mit oder ohne Übergang, Bäckerei und Café aufbauen, Cookie-Produktion und -Handel entwickeln und dann Individualreisen für Alleinerziehende", zählte Mareike auf.

„Hm, aber so weit müssen wir das doch gar nicht denken. Lass uns doch erstmal eins nach dem anderen machen, sonst wird mir ganz schwindelig", sagte Helge.

„Wieso schwindelig. Ich brauch das halt. Ich muss schon ein bisschen weiter schauen. Ich will doch auch mein Ding machen und nicht nur als nettes Bio-Hühnchen in deinem Café rumstacksen."

„Wie bitte? Wieso in meinem Café? Das war doch deine Idee, ein Café zu eröffnen."

„Schon", erwiderte Mareike „aber das genügt mir halt nicht. Und außerdem geht es doch jetzt darum, einen groben Plan zu machen und die Reihenfolge festzulegen."

„Na, meinetwegen."

„Wollen wir da jetzt noch ein paar Daten dranklemmen? Dann wird das ganze konkreter und verbindlicher. Und außerdem kriegen wir dann ein bisschen Druck auf den Kessel“, sagte Mareike.

„Ja, aber dazu müssen wir uns doch erstmal darüber einig werden, wann wir umziehen wollen.“

„Oder wir könnten schauen, wie viel Zeit wir für welche Etappe veranschlagen und dann von heute aus in die Zukunft rechnen. Dann finden wir doch auch unseren Umzugstermin heraus.“

„Okay. Womit fangen wir also an?“, wollte Helge wissen.

„Na ja, wir sollten vielleicht erst noch die kritischen Fragen klären: Wann genau wollen wir spätestens auswandern und welche Bedingungen müssen dafür erfüllt sein? Das war doch deine Frage. Und dann noch die Frage mit der Übergangszeit. Ich denke, da sollten wir mal in Ruhe drüber reden. Dann sind wir nachher freier und klarer, um die konkreten Fragestellungen zu klären.“

„Hm, klingt vernünftig.“

ETAPPENZIELE UND RISIKOMANAGEMENT

Einen gemeinsamen Samstag mit Einkauf am Morgen, das Mittagessen beim China-Imbiss, in einem Thai-Restaurant oder in der Pizzeria sowie der gemeinsame Abend mit Kino, Tanzen oder Theater können wir meist noch zwischen Tür und Angel organisieren. Ein Zettel ist manchmal hilfreich, um Listen anzulegen – für den Einkauf zum Beispiel oder für besonders interessante Filme mit den zugehörigen Kinos und Spielzeiten. Aber mit dieser Basisausrüstung und ein bisschen Zeit kommen wir in solch alltäglichen Angelegenheiten schon ziemlich weit.

Wenn wir komplexere Projekte angehen wollen, dann stoßen wir mit diesem Vorgehen ziemlich schnell an Grenzen. Dann empfiehlt sich ein Vorgehen mit ausreichend Zeit für Planung, Reflexion und Diskussion. So können wir das Wesentliche vom

Banalen trennen, mögliche Konflikte thematisieren und uns eine Übersicht über anstehende Aktivitäten verschaffen.

Helge und Mareike folgen einem effektiven Prozess. Im ersten Schritt sammeln sie alle Aufgaben und Problemstellungen, die ihnen bezüglich der Verwirklichung ihres gemeinsamen Traums einfallen. Dabei kommen auch unterschiedliche Themen zur Sprache, die emotional aufgeladen sind und Konfliktpotential bergen.

Es ist eine gute Idee, wenn wir schon zu einem frühen Zeitpunkt offen und sorgfältig mit potentiellen Konflikten und Risiken umgehen. So können wir Spannungsthemen klären und verhindern spätere Komplikationen oder gar Eskalationen, die ungelöst und ungeklärt den Projekterfolg gefährden. Darüber hinaus entstehen aus gut gelösten Spannungen und Konflikten häufig wesentliche und produktive Impulse, die unseren Projekten dienen. Solche Impulse zwingen uns manchmal zu einer Kurskorrektur und seltener zu einer Kursänderung, aber in der Folge können wir das Wesentliche noch deutlicher erkennen, unterschiedliche Bedürfnisse besser integrieren und das Projekt mit mehr Kraft, Klarheit und Initiative umsetzen.

Nachdem Mareike und Helge einen Großteil der anstehenden Aufgaben gesammelt haben, machen sie sich daran, die Aufgaben in Etappen zusammenzufassen, Abhängigkeiten unter den Aufgaben[25] zu klären und eine Reihenfolge für die Etappen festzulegen.

Normalerweise müssten Mareike und Helge nun klären, wer welche Aufgaben in welcher Reihenfolge erledigt. Dies gilt zumindest für Aufgaben, die in Abhängigkeit zu anderen Aufgaben stehen. Doch intuitiv machen Helge und Mareike das Richtige. Sie widmen sich im Sinne eines angemessenen Risikomanagements[26] zuerst den Konfliktthemen, um diese zu klären. Danach gilt es, die nächsten Planungsschritte und -aufgaben anzugehen.

EXISTENZIELLES PROJEKTMANAGEMENT IM SELBSTCOACHING

Nahezu alle Beispiele in diesem Buch führen zu Lösungen und Zielen, die recht komplex sind. Sie lassen sich nicht aus dem Bauch heraus, intuitiv und planlos verwirklichen. Zumindest dann nicht, wenn die genannten Personen ihre Ziele mit einem akzeptablen Ressourceneinsatz erreichen wollen oder, noch grundlegender, mithilfe dessen, was ihnen an Ressourcen tatsächlich zur Verfügung steht.

Bei kleineren Aufgabenstellungen macht es oft Sinn, direkt zur Tat zu schreiten. Bei größeren Zielen lohnt es sich dagegen, der Umsetzung eine ausreichende Planungsphase voranzustellen. Wir sollten planen, bis wir die Richtung für unsere nächsten Schritte geklärt und eine gesunde Spannung bezogen auf das nächste Etappenziel aufgebaut haben. Dadurch schaffen wir die Grundlage für effektives und produktives Handeln. Manchmal ist es wichtig, viel Zeit mit Planung, Überlegung und Konzeption zu verbringen[27], zumal, wenn es darum geht, mehrere Entwicklungsideen unter einer größeren Vision zu versammeln, wie im Beispiel von Mareike und Helge, die gleich drei größere Projekte in ihrer Vision „Auswandern nach Mallorca“ zusammenfassen: Auswandern, Bäckerei eröffnen und Spezialreisen für Alleinerziehende organisieren.

Aber wir können uns auch in Planung, Konzeption und Tagträumereien verlieren. Manchmal werden unsere Planungs- und Konzeptionseskapaden zu einem Muster, das uns hilft, die Begegnung mit der Wirklichkeit und den manchmal unbequemen Rückmeldungen zu vermeiden, die unweigerlich folgen, sobald wir uns auf den Weg der Umsetzung machen. Ein gesunder Wechsel zwischen Konzeption und Planung einerseits und rückmeldungsorientierter Umsetzung[28] andererseits ist hier besonders wichtig.

Bei größeren Zielen ist es auch präziser und gleichzeitig entlastend, von „Projekten“ zu sprechen. Nach Mallorca auszuwandern ist ein langfristiges, übergeordnetes Ziel, auf das wir nicht direkt hinarbeiten können. Es macht Sinn, dieses übergeordnete Ziel in einem ersten Schritt in ein Projekt zu übersetzen. Innerhalb dieses Projektes können wir dann überschaubare Teilziele definieren. Diese Teilziele können wir dann mit konkreten, überschaubaren und schnell zu erledigenden Aufgaben Schritt für Schritt erreichen.

Wie können wir effektiv und angemessen planen? Zum einen, indem wir im Chaos und Nebel der Ideen greifbare Ansatzpunkte finden, zum anderen, indem wir bei aller Tatkraft und Aktivität das Wesentliche im Blick behalten. Wenn wir in der Planung darüber hinaus mit zeitlich festgezurrten Zielen arbeiten, dann bringen wir Dynamik in den Umsetzungsprozess. Diese wirkt einerseits alarmierend und damit dynamisierend, andererseits schafft sie eine Struktur, die uns mit konkreten Rückmeldungen versorgt. Wir begeben uns in einen sinnvollen und effektiven Lernprozess, der sich an unserem Projektziel ausrichtet. Dieser ermöglicht uns kontinuierlich Korrekturen bezogen auf das angestrebte Ziel und mögliche Umsetzungspfade vorzunehmen. Darüber hinaus stärkt diese Art der Umsetzung unsere Motivation, denn einen Großteil unseres inneren Antriebs in komplexen Arbeits- und Entwicklungsfeldern beziehen wir aus der Erledigung konkreter Aufgaben.[29]

Weiterhin wächst mit jedem Schritt, den wir gehen, unsere Gewissheit, dass wir tatsächlich in der Lage sind, unser Leben in die Hand zu nehmen und selbstverantwortlich zu verwirklichen, was an Träumen in uns angelegt ist. Nach und nach erkennen wir mit zunehmender Klarheit, welch unermessliche Freude und Erfüllung darin liegen, uns für unsere wesentlichen Anliegen so wirkungsvoll wie möglich einzusetzen. Wir erreichen nicht mehr irgendwelche Ziele, sondern wesentliche. Wir feiern kleine und große Erfolge und finden unsere wahre Bestimmung auf der ewigen Reise und im ewigen Unterwegssein unseres Lebens.

Um Ihre Lösungsvision umzusetzen und Ihre Ziele zu verwirklichen empfehle ich Ihnen folgendes Vorgehen:

- Sammeln Sie über fünf bis zehn Minuten alle Aufgaben, potentiellen Probleme und Herausforderungen, die mit der Umsetzung Ihrer Lösung zu tun haben. Lassen Sie dabei die Gedanken schnell und flüssig laufen und notieren sie diese. Schicken Sie Ihren inneren Kritiker, Ihren inneren Klugscheißer und Ihren inneren Organisator in dieser Zeit in die Kaffeepause.
- Fangen Sie dann an, die unterschiedlichen Punkte unter Zeit- bzw. Umsetzungsabschnitten zusammenzufassen.
- Klären Sie, in welcher Reihenfolge die Umsetzung erfolgen muss, damit Sie möglichst effektiv vorgehen und mögliche Abhängigkeiten zwischen Zielen und Aufgaben angemessen berücksichtigen.
- Klären Sie, welche Themen- bzw. Aufgabenfelder emotional aufgeladen sind oder Risiken und potentielle Gefährdungen für den Projekterfolg bergen. Klären Sie, zu welchem Zeitpunkt Sie sich diesen Problem- und Fragestellungen zuwenden sollten, um eine effektive und angenehme Umsetzung so gut wie möglich zu sichern.
- Versehen Sie die unterschiedlichen Umsetzungsabschnitte mit einem konkreten Ziel, an dem Sie messen können, wie weit Sie sich dem Ziel angenähert haben und ob Sie das Ziel erreicht haben. Und versehen Sie das Ende des Umsetzungsabschnitts mit einem konkreten Datum. So legen Sie sogenannte Meilensteine fest, die Ihnen einerseits erlauben, den Überblick über den Verlauf Ihres Projekts auch in heißen Phasen zu behalten. Andererseits erlaubt Ihnen dieses Vorgehen, wesentliche Schritte, die erst später dran sind, für den Augenblick loszulassen und sich voll und ganz auf die Aufgaben zu konzentrieren, die jetzt dran sind.
- Um den zeitlichen Gesamtumfang Ihres Projektes zu berechnen, schätzen Sie am besten ab, wie lange Sie für die einzelnen Umsetzungsabschnitte brauchen werden (eine Mischung aus Erfahrungswerten und Intuition) und rechnen dann den geschätzten Zeitaufwand aller Umsetzungsschritte auf. Addieren Sie zum Ergebnis noch einmal 30% dazu, um ausrei-

chend Puffer für unerwartete Verzögerungen und Schwierigkeiten einzuplanen.

- Klären Sie im nächsten Schritt, welche Aufgaben Sie erledigen müssen, um den ersten Meilenstein zu erreichen. Klären Sie, welche Aufgaben von der Zusammenarbeit mit anderen abhängen und in welcher Reihenfolge diese abgearbeitet werden sollten. Damit klären Sie auch, welche parallel erledigt werden können.
- Schätzen Sie den Aufwand für die Umsetzung des gegenwärtigen Teilziels und für die gegenwärtige Aufgabe. So bekommen Sie Dynamik und Struktur in Ihre Umsetzung. Diese helfen Ihnen, innere und äußere Widerstände zu überwinden und mit einer gesunden Spannung zu handeln. Der angenehme Nebeneffekt: Sie schaffen die Grundlage für hilfreiche Rückmeldungen und Erfolgserlebnisse, kommen in Fluss und finden unmittelbar, wonach Sie sich tief sehnen: Intensität und gelassene Produktivität.
- Planen Sie auch Leerlaufphasen zur Erholung, Reflexion und Inspiration ein. Auf diese Weise bleiben Sie in Ihrer wesentlichen Spur, achten auf eine angemessene körperliche und seelische Verfassung und finden Zeit für jene Menschen, die Ihnen am Herzen liegen.
- Dann und immer wieder ganz wichtig: Legen Sie los!

DER VIERTE SCHRITT AUF EINEN BLICK

Komplexe Herausforderungen oder eine generelle Unzufriedenheit schreien manchmal geradezu nach umfassenden Lösungen. Oft sind sie ein Negativ-Hinweis auf Träume, die endlich gesehen und verwirklicht werden wollen. Kleinere Problemstellungen kommen manchmal auch mit kleineren Lösungen aus. Doch hier gibt es keine Regel: Manchmal führen uns kleine unbequeme Phänomene zu sehr komplexen und spannenden Projekten. Manchmal kommen wir bei schwerwiegenden und belastenden Problemen zu ganz einfachen und überschaubaren Lösungen.

Mit dem vierten Schritt des lösungsorientierten Vorgehens machen wir ein komplexes und anspruchsvolles Projekt handhabbarer. Mit an Sicherheit grenzender Wahrscheinlichkeit würden wir scheitern, wären wir nicht in der Lage, ein komplexes Projekt in Teilziele und Zwischenschritte zu zerlegen. Wenn wir aber strukturiert vorgehen, sind wir in der Lage, nach und nach konkrete Aufgaben zu definieren, die wir sofort erledigen können, um unserem Ziel ein kleines bisschen näher zu kommen. So versorgen wir uns mit konkreten Aufgaben, die einer Kaskade von immer umfassenderen Zielen untergeordnet sind. Mit jeder bewältigten Aufgabe kommen wir unserem Ziel ein Stückchen näher. Mit jedem Scheitern lernen wir dazu. So versorgen wir uns zeitnah mit konkreten Rückmeldungen, manchmal in Form von Rückschlägen, die uns Kurskorrekturen ermöglichen, manchmal in Form von Erfolgserlebnissen, die unsere Motivation stärken, uns beflügeln und uns so helfen, anspruchsvolle Hindernisse in der Umsetzung zu überwinden.

Während wir gerade noch im Bann unserer Probleme lebten und uns zuletzt Rettung am Ende unserer Träume erhofften, geraten wir jetzt immer tiefer in einen Prozess kontinuierlicher Potentialentfaltung, der sich selbst genügt. Wir bewegen uns ambitioniert und engagiert durch Zeit und Raum und finden doch irgendwie unfassbar tiefe Ruhe, große Intensität und eine heitere Leichtigkeit im Prozess dieser Selbstentfaltung außerhalb von Zeit und Raum – Hier und Jetzt.

Dieser Prozess gelassener Potentialentfaltung, in welchen uns der lösungsorientierte Ansatz ausgehend von anspruchsvollen Herausforderungen, Krisen und lähmenden Problemen führt, ist so betrachtet ein echtes Wunder. Er ermöglicht uns nach und nach den Übergang in das intensive, produktive und gelassene Leben, das wir uns auf alle möglichen Arten über die manchmal schrägen und lebensfernen Glücksmetaphern unserer Kultur und unseres Zeitalters erträumt haben.

In diesem Prozess müssen wir uns nicht mehr zwischen Arbeit und Privatleben oder Disziplin und Dolce far niente[30] entscheiden, sondern können uns der kraftvollen Bewegung des Lebens anvertrauen, uns tragen lassen und wesentlich Menschliches bewirken.

LÖSUNGSORIENTIERUNG FÜR FORTGESCHRITTENE

Viele der Beispiele, die Sie in diesem Buch finden, gehen von ziemlich komplexen Problemstellungen aus. Und viele der Lösungen, welche die vorgestellten Personen entwickeln, sind umfangreich und ähnlich komplex wie die Ausgangsbedingungen. Der Unterschied: Die Lösungen sind attraktiv komplex.

Die Lösungen sind deswegen attraktiv, weil sich die Hauptfiguren in den Problemlösungsgeschichten endlich um ihre Träume und wesentlichen Ziele kümmern. Aber die Attraktivität hängt auch damit zusammen, dass sie sich auf den Weg machen, ihre Träume umzusetzen. Existenzielles Projektmanagement führt die Einzelnen in eine Dynamik gelassener und produktiver Intensität. Auf diese Weise bleibt die angestrebte Verwirklichung der Lösung ein wichtiges Vorhaben und doch fühlt sich das Leben unmittelbar leichter und erfüllender an.

Diese gelassen intensive Verfassung, die eine gewisse Ähnlichkeit mit dem hat, was bei Mihály Csíkszentmihályi als „Flow“ und im Buddhismus als „Samadhi“ bezeichnet wird, entsteht ganz natürlich und gleichsam unabhängig davon, ob das Ziel bereits erreicht wurde oder nicht. Das Ziel mag stabil bleiben oder sich aufgrund neuer Erkenntnisse im Prozess der Umsetzung verändern. Die innere Verfassung aber, die sich fast wie tiefes Angekommensein anfühlt, bleibt unfassbar stabil.

Nach und nach verlagern wir unsere Aufmerksamkeit von inneren Problem- und Dramaschleifen auf intensives Tun und Lassen hier und jetzt. Nach und nach verwandeln wir vermeintliche äußere Bedrohungen in spannende Herausforderung, in die wir unsere Lebenszeit, Energie und Talente sinnvoll einbringen können. Dann können wir dynamisch und selbstvergessen handeln. Wieso? Weil wir durch unsere Projekte Orientierung im Tohuwabohu dieser Welt finden und unser Tun sowie unsere Kraft lebendig strukturieren.

WIE WERDEN ZIELE ATTRAKTIV UND HANDLUNGSLEITEND?

Ein wichtiges Hilfsmittel, um jene Spannung aufzubauen, mit der wir unsere Aufmerksamkeit in der Gegenwart bündeln und auf die Verwirklichung unserer wesentlichen Projekte hinarbeiten, sind sogenannte **wohlgeformte Ziele**. Abhängig davon, wie Sie Ziele definieren, werden diese attraktiver oder weniger attraktiv. Und je nach Attraktivität Ihrer Ziele setzen Sie sich in Bewegung, um Ihre Ziele zu erreichen oder eben nicht.

Es gibt unterschiedliche Ansätze, die Sie nutzen können, um Ziele handlungsmotivierend zu formulieren. Im Folgenden finden Sie Kriterien aus dem SMART-Ansatz[31], ergänzt um Kriterien aus der lösungsorientierten Arbeit[32]. Wenn Sie diese anwenden, dann steigern Sie die Attraktivität Ihrer Ziele. Damit erhöhen Sie die Wahrscheinlichkeit, dass Sie etwas tun werden, um es zu erreichen:

- Es sollte realistisch sein, das heißt eher klein als groß.
- Es sollte sinnesspezifisch und konkret sein.
- Sie sollten es aus eigener Initiative erreichen können.
- Es sollte terminiert, das heißt mit einem zeitlichen Endpunkt versehen sein.
- Es sollte wesentlich wichtig für Sie und Ihr Leben sein.

- Es sollte ökologisch und ökonomisch sein, das heißt in produktiver Beziehung zu Ihren anderen Zielen und Werten sowie Ihren materiellen Möglichkeiten stehen.

EHER KLEIN ALS GROSS

Menschen haben unterschiedliche Bedürfnisse, was die großen Entwicklungslinien im Leben angeht. Manche mögen es gerne überschaubar und fühlen sich ohnmächtig, wenn Sie sich großen Projekten zuwenden. Andere wiederum brauchen große Projekte, damit Sie überhaupt hinter dem Ofen hervorkommen und das Gefühl haben, etwas Wichtiges und Wesentliches in ihrem Leben zu bewirken. Aber ganz unabhängig davon, ob Sie die Welt retten, das Vereinsheim des Kleintierzüchtervereins renovieren oder Klavierspielen lernen wollen: Um produktiv und gelassen zu handeln, müssen Sie Ihre Projekte in Meilensteine, Teilziele und überschaubare Nahziele unterteilen und schließlich konkrete Aufgaben aus diesen Nahzielen ableiten.

Die großen Visionen und Projekte sind inspirierend, solange wir uns in Gedanken damit beschäftigen und von wundervollen Veränderungen tagträumen. Sobald es aber an die Umsetzung geht, liefern sie uns wenig Orientierung und lösen häufig Ohnmachtsgefühle ins uns aus. Nach dem Motto: „Boah, das wäre schon schön, aber dem bin ich nicht gewachsen. Das kriege ich nicht hin. Das ist viel zu groß und kompliziert und ich bin viel zu klein, dumm und unfähig."

Wir können immer weiter schwanken zwischen der Euphorie geistig vorweggenommener Gipfelerfahrungen und unserer Ernüchterung angesichts der Tatsache, dass es uns in der Realität kaum gelingt, tausende Höhenmeter mal eben mit einem Hüpfer zu nehmen. Wir können angesichts dieser Ernüchterung unsere Träume und größeren Vorhaben in den Wind schreiben oder beim Tagträumen stehenbleiben und uns auf ewig – meist zunehmend einsamer – an imaginären Gipfeleroberungen berauschen.

Stattdessen könnten wir den Berg aus unterschiedlichen Blickwinkeln untersuchen – mal aus der Nähe, um die Details zu erforschen, mal mit einem Abstand, der größere Übersicht ermöglicht. Wir könnten den Berg umwandern, um machbare Zugänge zum Gipfel zu erkunden. Wir könnten Kartenmaterial studieren, so vorhanden, um ein Gefühl für die Topographie zu bekommen und eine Idee von den bereits vorhandenen Routen. So könnten wir nach und nach einen gangbaren Weg zum Gipfel erschließen, wo wir zuvor am Fuße einer unbezwingbaren Steilwand standen oder mit großem Abstand ehrfürchtig von der Besteigung träumten.

Aus großen Visionen und übergeordneten Zielen können wir absteigend Projekte, Meilensteine, Teilziele, Nahziele und zuletzt konkrete Aufgaben ableiten, die wir zeitnah ausführen können. Dann scheint das eben noch Menschenunmögliche auf einmal machbar. Wir handeln, wo wir uns zuvor blockiert und ohnmächtig fühlten. Plötzlich werden wir zu Machern, also Menschen, die ihr Leben ausgehend von gegenwärtigen Bedingungen gemäß ihrer Träume und Sehnsüchte gestalten.

Wir verlassen den Opferstatus und die Ohnmacht, mit denen wir uns zuvor den Entwicklungen und Impulsen, die von außen kamen, überantwortet hatten. Wir kommen in einen Strom von kontinuierlichen inneren Eingebungen, äußeren Rückmeldungen sowie inneren Resonanz- und Dissonanzerfahrungen. Wir vertrauen uns einem Prozess kontinuierlichen Lernens an, indem wir uns zwar über Erfolge freuen, aber vor allem über Rückmeldungen, die uns ermöglichen, immer weiter in unsere Mitte zu kommen und unsere Potentiale immer gelassener zu entfalten. Auf einmal wissen wir gar nicht mehr so richtig wie uns geschieht: Plötzlich ist die Wohnung renoviert, der Umzug ist bewältigt und das Buch ist fertig geschrieben. Und was haben wir getan? Wir haben zielorientiert und beweglich einen Fuß vor den anderen gesetzt.

Woran erkennen Sie, dass Sie ein Nahziel angemessen groß gewählt haben? Ganz einfach: Sie sehen einen konkreten Punkt, an dem Sie ansetzen können. Sie fühlen eine angenehme Spannung und sind erfüllt von einer kleinen, feinen Vorfreude. Diese nimmt jene Selbstwirksamkeitserfahrung[33] vorweg, welche Sie machen werden, sobald Sie die überschaubaren Aufgaben erledigt und ihr Nahziel erreicht haben. Mit diesen kleinen Erfahrungen, die Sie sich kontinuierlich verschaffen, sagen Sie sich selbst: „Ich kann erreichen, was ich mir vornehme. Was ich noch nicht kann, das kann ich lernen. Ich habe Mut, Kraft und Fähigkeiten, die ich nutzen kann, um Wesentliches zu bewirken."

Diese geniale, schwebende Mischung aus Vorahnung und konkreter Erfahrung, die wir dann machen, wenn wir uns in der Lern- und Entwicklungszone bewegen, wird nach und nach zu einer tiefsitzenden inneren Haltung. Sie führt zum letzten und wesentlichen Kriterium, an dem Sie die gesunde Größe eines Nahziels messen können: Sie legen los und handeln!

SINNESSPEZIFISCH UND KONKRET

Wenn wir unsere Vision beschreiben, dann bleiben wir manchmal noch etwas vage: „Ich würde gerne in einem Land leben, in dem es wärmer ist als hier. Es wäre schön, nah am Meer zu wohnen, oft in der Natur zu sein und einen Beruf auszuüben, der mir Freude bereitet." Vielleicht sagen wir auch: „Wenn sich meine Vision erfüllt, dann lebe ich in Südfrankreich und bin Dampflokomotivführer auf einer stillgelegten Trasse irgendwo. Ich habe einen Olivenhain und presse mein eigenes Olivenöl, das ich an Kunden verkaufe. Und ich lebe mit meiner französischen Frau und drei Kindern auf einem alten Mas[34]."

Es ist vollkommen okay, wenn wir im Bereich unserer Visionen und Träume offen und vage bezüglich der tatsächlich eintretenden, zukünftigen Situation bleiben. Unsere Visionen sind Metaphern für Lebensaspekte, die uns besonders wichtig sind. Wir wissen noch nicht so genau, wie realistisch, das heißt realisierbar diese Visionen in ihren unterschiedlichen Aspekten sind, und wir wissen nicht so genau, wie wohl wir uns fühlen werden, wenn wir diese verwirklicht haben werden. All das finden wir nach und nach im Gehen und Experimentieren mit Möglichkeiten heraus.

Wenn es aber um Nahziele geht, dann helfen uns wenig spezifische Angaben kaum weiter. Bei vagen Zielen entwickeln wir keine klare Vorstellung von dem, was zu tun ist, und selbst wenn, finden wir kaum konkrete Ansatzpunkte. Außerdem machen uns vage Ziele wenig Lust, überhaupt in Bewegung zu kommen. Denn unsere Handlungs- und Leistungsbereitschaft hat eine tief körperliche Dimension. Sie ist an die Aussicht auf Intensität und die Möglichkeit zu selbstvergessenem Handeln gebunden. Während wir im Kopf mit Informationen, Digitalem und Fakten arbeiten, damit wir uns innerlich ausrichten und in der Bewegung orientieren können, brauchen wir auf der Ebene der Initiative und Ambition, also dort, wo wir tatsächlich ins Handeln kommen, die Aussicht auf Resonanz- und Flowerfahrungen.

Deshalb müssen wir unsere Nahziele sinnesspezifisch und konkret herausarbeiten, um in Bewegung zu kommen. Wir müssen Nahziele, wie in den vorangegangen Kapiteln beschrieben, weiter differenzieren und sinnlich erfahrbar formulieren. Je umfassender wir sowohl das Ziel, als auch den Weg der Zielerreichung auf der Ebene sinnlicher Erfahrung herausarbeiten, je deutlicher wir uns bewusst machen, was wir unterwegs und beim Ankommen fühlen, hören und sehen, was wir riechen und schmecken werden, umso größer wird die Anziehung, welche Ziel und Umsetzungsprozess auf uns ausüben.

Wir müssen also von der Ebene sinn- und orientierungsstiftender, aber vager Visionen, über konkretere Projekte, Meilensteine und Teilziele auf die Ebene von Nahzielen hinuntersteigen und diese konkret und spezifisch formulieren. Über die Aussicht auf Teilziele und Meilensteine können wir unseren Alltag ordnen und unsere Kraft ausrichten. Über die sinnesspezifische Qualität gut formulierter Nahziele kommen wir in Bewegung und erledigen anstehende Aufgaben effektiv.

Ein Etappenziel oder Teilprojekt auf dem Weg nach Südfrankreich könnte etwas nahezu Triviales, aber doch Grundlegendes sein: Französisch lernen. Denn erfahrungsgemäß spricht der Franzose Französisch und das gilt auch für die Französin, die sich der Mensch oben angeln möchte. Dieses Teilprojekt lässt sich unterteilen in Meilensteine wie Grundlagen lernen oder Schulkenntnisse auffrischen, Konversation üben, Tageszeitung flüssig lesen können und souverän über Politisches und Berufliches mit Einheimischen diskutieren.

Fragen zur Spezifizierung des ersten Nahziels könnten sein: „Was kann ich genau, wenn ich meine Schulkenntnisse aufgefrischt habe? Wie will ich vorgehen? Will ich einen Kurs besuchen, eine Lernkombi aus Buch und CD nutzen oder mir einen Kurs im Internet suchen? Wann macht es Sinn, nach Südfrankreich zu fahren, um mir einerseits einen Überblick über interessante Landschaften und mögliche Wohnorte zu verschaffen und andererseits die Gelegenheit zu nutzen, um meine Französischkenntnisse anzuwenden? Wie will ich reisen? Wen möchte ich mit auf die Reise nehmen?“

Bei der Beantwortung dieser Fragen geht es darum, mit Fakten umzugehen, aber es ist mindestens ebenso wichtig, die sinnesspezifische Qualität von Weg und Ziel herauszuarbeiten, um körperliche Resonanz zu ermöglichen. Zur Orientierung können Sie die wesentlichen Aspekte nach dem VAKOG-Schema[35] auf den unterschiedlichen Sinnesebenen herausarbeiten:

- Visuell (mit den Augen erfahrbar – kurz: sehen)
- Akustisch (mit den Ohren erfahrbar – kurz: hören)
- Kinästhetisch (über Kontakt erfahrbar – kurz: spüren)
- Olfaktorisch (über die Nase erfahrbar – kurz: riechen)
- Gustatorisch (über die Zunge, den Mund erfahrbar – kurz: schmecken)

„Was sehe ich, wenn ich dieses Kapitel fertig geschrieben habe? Wie fühlt sich das an? Womit belohne ich mich? Ich gehe ein bisschen an die frische Luft. Wie fühlt sich das an? Was rieche ich? Wie fühlt sich der Kontrast an, wenn ich aus diesem stickigen Raum, in dem die Luft steht, nach draußen an die kühle Herbstluft komme und Sonne und Wind auf der Haut spüre? Wie fühle ich mich, wenn ich dem Ziel, dieses Buch fertig zu schreiben, wieder ein kleines Stückchen näher gekommen bin? Wie fühlt es sich an, dieses Kapitel oder Unterkapitel zu Ende geschrieben zu haben? Wie fühle ich mich angesichts der Tatsache, dass ich meinen inneren Schweinehund erfolgreich in seine Hundehütte verbannt habe?“ Sie ahnen es: Ich fühle mich pudelwohl!

SELBSTVERANTWORTLICH ERREICHBAR

Wenn wir über Ziele, Träume und Lösungen nachdenken, dann fällt uns alles Mögliche ein, das da sein wird, sobald ein Problem gelöst ist. Wenn wir in einer passiven inneren Haltung sind und uns als Opfer der Umstände verstehen, dann kann es sein, dass viele der Veränderungen, die sich in der Lösung zeigen, Aspekte und Dinge betreffen, auf die wir keinen direkten Einfluss haben und die nur durch andere bewirkt werden können. Im schlimmsten Fall hält uns dieser Umweg über die anderen in unserer gefühlten Ohnmacht fest. Im leidlich besseren Fall stellen wir uns die Frage, wie wir andere effektiver in unserem Interesse beeinflussen können. Allerdings erweist sich der Veränderungsumweg über die anderen als ziemlich kraftraubend und darüber hinaus laufen wir Gefahr, ungesunden Druck auf andere auszuüben und neue Probleme in Form von destruktiven Kommunikationseskapaden hervorzubringen. Manche Beziehungen werden vollständig von entsprechenden Kommunikations- und Verantwortungsdelegationsspielchen bestimmt.

Die größte Effektivität und Wirkung entfalten wir dort, wo wir uns auf Lösungsaspekte konzentrieren, auf die wir unabhängig vom Verhalten und Handeln anderer direkten Einfluss haben.

Martha könnte sich viele Gedanken darüber machen, wie sich Lehrer verhalten sollten. Sie könnte sich an Hypothesen darüber berauschen, wie sich Ruben, der Vater, verhalten sollte, und was der Sohn Paul tun könnte, um zu einer Entspannung der Situation beizutragen. Und tatsächlich: Wenn es um die Schulprobleme unserer Kinder geht, sind wir häufig genau mit diesen Themen beschäftigt, und zwar den größten Teil der Zeit. Manchmal wundern wir uns dann, dass wir mit unseren Bemühungen so wenig Erfolg ernten. Würden wir genauer hinschauen, dann könnten wir sehen und verstehen, dass wir uns mit den vermeintlichen Problemen der relevanten anderen, in diesem speziellen Fall unserer Kinder, von uns selbst und unseren eigenen Entwicklungseinladungen ablenken. Streng betrachtet, und ich weiß, dass ich mit dieser Sichtweise kaum Beifall ernten werde, vergeuden wir viel Lebenszeit und Energie unter dem Vorwand, anderen helfen zu wollen, während wir vor allem darum bemüht sind, vor uns selbst, unseren Möglichkeiten und unserem existenziellen Potentialentfaltungsprozess davonzulaufen.

Wir könnten auch in den Spiegel schauen, um uns selbst zu betrachten. Wir könnten ehrlicher mit uns selbst sein und klären, wo wir es in unserem Einflussbereich – nämlich bei uns selbst – mit ernst zu nehmenden Einladungen zu tun haben, die wir schon lange mit großer Konsequenz übersehen, ignorieren oder ausschlagen. Und wir könnten unser Vertrauen in jene Wirkungen stärken, die wir durch unser eigenes Verhalten über Resonanz bei anderen hervorrufen.

Es ist gut zu wissen, dass sich diese Wirkung umso kraftvoller entfaltet, je absichtsloser sie erfolgt. Denn im absichtslosen Miteinander fällt die ganze Asymmetrie in der Beziehung zwischen Schlaumeier und Dummkopf, Lehrer und Schüler oder allwissendem Elternteil und lernblockiertem Kind weg, die auf der einen Seite Anmaßung und Übergriff hervorbringt und auf der anderen Seite Ohnmacht, Trotz und Verweigerung. In dieser Absichtslosigkeit verstehen alle, dass sie wesentliche Wirkungen und brillante menschliche Leistungen nur aus einem selbstverantwortlichen und selbstbestimmten Dialog mit dem Leben in seiner ganzen Vielfalt hervorbringen können. Wenn diese Erkenntnis in unserem Leben handlungsleitend wird, dann vollzieht sich ein tiefer Wandel in all unseren Beziehungen: Wo der eine zuvor Druck auf den anderen ausüben und mit absurden Versuchen Eigensinniges kontrollieren wollte, fühlt sich der andere auf einmal inspiriert. Die positive und heilsame Energie beginnt zu strahlen und zeigt sich in bemerkenswerten Ergebnissen. Plötzlich lösen sich Trotz, Ignoranz und Widerstand auf.

Wo andere zuvor das Weite gesucht haben, suchen sie nun Nähe und unternehmen einiges, um sich mit dem gelassenen Produktivitätsvirus zu infizieren.

Kurzum: Wenn wir im tiefsten Sinn selbstbestimmt, produktiv und gelassen handeln, dann sind wir in Frieden mit dem, was ist. Wir können für andere da sein, wenn diese unsere Nähe suchen und wir können sie lassen, wenn sie ihrer eigenen Bewegung folgen. Denn wir wissen, dass jeder selbstverantwortlich, selbstbestimmt und im eigenen Rhythmus seinem existenziellen Entwicklungsprozess folgt und folgen muss. Unsere Zufriedenheit, Gelassenheit und dynamische Produktivität wirken ohne Absicht beispielhaft und lösen ganz natürlich positive Resonanz aus.

Martha konzentriert sich intuitiv auf diesen Weg. Sie fragt sich, was sie selbst verändern muss und kommt dabei erst einmal zu Fragen, die ihr eigenes Wohlbefinden und ihre Motivation, also ihre Verbindung zu ihren eigenen wesentlichen Bedürfnissen betreffen. Natürlich könnte sie sich in der weiteren Entwicklung mit ihrem Kommunikationsverhalten[36] gegenüber Paul auseinandersetzen und ihre Fähigkeit weiter entwickeln, Paul zu produktivem und sozialverträglichem Verhalten zu verführen. Aber der bedrohliche Aspekt der Not fällt in jenem Moment weg, wo sie in vertrauensvoller Verbundenheit mit ihrer Lebenskraft handelt. Darüber hinaus werden ihre konkreten Versuche, auf die Verhaltensveränderung Pauls hinzuwirken, außerordentlich effektiv, wenn sie selbst produktiv und sozialverträglich oder gar inspiriert handelt.

Meine Anregung an Sie: Konzentrieren Sie sich auf jene Aufgaben, Ziele und Aspekte der Lösung, auf die Sie direkten Einfluss haben. Bleiben Sie in der Tiefe durchaus verbunden mit den Veränderungen, die Sie sich bei anderen wünschen. Aber lassen Sie sich überraschen, wie sich alles fügt, wenn Sie sich auf Ihren Teil der Lösung, Ihren Verantwortungsbereich und Ihre Handlungsmöglichkeiten konzentrieren.

TERMINIERT

Napoleon Hill[37] wird folgendes Zitat zugeschrieben: „Ein Ziel ist ein Traum mit einer Deadline." Übersetzt und etwas weiter ausdifferenziert bedeutet dies: Ein Großprojekt ist ein Traum oder eine Vision mit einer Ziellinie. Das Großprojekt besteht aus einigen Unterprojekten, die jeweils mit einer Deadline versehen sind. Die Unterprojekte bestehen aus vielen Etappen mit einer Deadline und die Etappen bestehen aus vielen Nahzielen, die ebenfalls zeitlich festgelegt sind. Diese Nahziele werden über konkrete Aufgaben erreicht, die in sich ein kleines Ziel verkörpern. Diese sind manchmal mit einer Deadline versehen oder werden spontan und intuitiv erledigt. Mit jeder erledigten Aufgabe erklimmen wir eine Stufe auf der langen, kurzen, steilen oder flachen Treppe, die zur Verwirklichung unseres Traums führt.

Ein wohlgeformtes Ziel ist also ein kleiner Schritt auf der Projekttreppe, der uns auf unserem Weg nach oben und vorne führt. Ich empfehle eine Mischung aus planvollem Abarbeiten anstehender Aufgaben und intuitiv-beweglichem Vorgehen. Auf jeden Fall aber tun Sie gut daran, bestimmte Zeiten gegen Ablenkungsangriffe von außen zu schützen. Lothar Seiwert, der deutsche Zeitmanagement-Papst, hat in seinen Büchern die Formulierung „einen Termin mit sich selbst vereinbaren" geprägt. Das ist in jedem Fall eine gute Strategie, um in fordernden Kontexten Zeit für wesentliche Aufgaben zu reservieren,[38] auch wenn wir uns die Freiheit zugestehen, eine Aufgabe ohne künstlichen Termindruck abhängig von Lust, aktuellem Kontext und verfügbarer Zeit aus dem breiten Angebot an Aufgaben herauszupicken.[39]

Oft ist es gar nicht so leicht, den benötigten zeitlichen Aufwand für eine bestimmte Aufgabe oder ein bestimmtes Ziel angemessen abzuschätzen. Das gilt vor allen Dingen dann, wenn wir uns mit neuen Aufgabenstellungen und Tätigkeiten befassen. Manchmal unterschätzen wir den Aufwand und machen uns dann Druck, weil wir unbedingt innerhalb unserer ursprünglichen Einschätzung bleiben wollen. Oder wir überschätzen den

Aufwand und treten zu entspannt an die Aufgabe heran. In beiden Fällen kommen wir nicht richtig in unseren Rhythmus, bleiben hinter unseren Möglichkeiten zurück und verlieren darüber die Freude am Tun.

In der Folge beider Dynamiken entwerten wir häufig uns selbst und erklären uns einmal mehr zu Versagern. Oder wir blockieren uns in einem innerlich vernebelten Zustand der Dissonanz und erklären das aktuelle Ziel für sinnlos oder unerreichbar. Einmal mehr geraten wir dann in Zweifel über den Sinn von Ziel- und Leistungsorientierung, planvollem Handeln und einer Lebensweise, bei der wir uns an wesentlichen Zielen und gelassener Potentialentfaltung ausrichten.

Dabei könnte alles viel einfacher sein. Wir müssten doch nur von der dummen Idee des Scheiterns ablassen, mit der wir tief verinnerlichte negative Glaubenssätze über uns selbst aktivieren und effektives Lernen verhindern. Denn dann könnten wir die Folgen unseres optimierungswürdigen Planens[40] und Steuerns als Rückmeldung auffassen und uns selbst als Lernende in einem ewigen Prozess produktiver Evolution erkennen. Dann würden wir einfach nach und nach lernen, den zeitlichen und energetischen Aufwand, der mit einer Aufgabe verbunden ist, besser abzuschätzen, und würden damit die Basis für Erfolgserlebnisse und Selbstwirksamkeit stabilisieren.

WESENTLICH

Sie können sich alles Mögliche vornehmen: Vielleicht wollen Sie Millionär werden und die schönste Frau oder den mächtigsten Mann der Welt erobern. Vielleicht wollen Sie in die Karibik auswandern, einen Ferrari kaufen oder Erleuchtung finden. Vielleicht glauben Sie, Sie könnten diese Ziele erreichen, und wer weiß, vielleicht geht das auch. Allerdings möchte ich Ihnen eine grundlegende Frage stellen: Wenn Sie hinter die Glücks-, Reichtums- und Sicherheitsklischees blicken, was ist Ihnen dann wirklich wichtig? Was erfüllt Sie wirklich? Was macht Sie im Tiefsten glücklich, gelassen und innerlich frei?

Wissen Sie es schon? Ich möchte kein Spielverderber sein, doch ich fürchte, dass Sie das, was Sie wirklich suchen, kaum finden werden, wenn Sie ein wesentliches Ziel erreichen. Dies gilt zumindest für den Fall, dass Sie es auf dem Weg zum Ziel noch nicht gefunden haben. Was Sie wirklich wollen, wonach Sie sich im Tiefsten sehnen, das finden Sie hier und jetzt oder nirgendwo. Aber es gibt ein wichtiges Detail, das uns bei totaler spiritueller Fixierung auf den gegenwärtigen Augenblick entgehen könnte: Das Glück, das wir suchen, können wir nur hier und jetzt finden, wenn wir uns hier und jetzt um die Verwirklichung unserer wesentlichen Ziele und Träume kümmern.

Ganz pragmatisch betrachtet ist die Wahrscheinlichkeit hoch, dass Sie all jene Ziele, die von Herzen kommen, mit größerer Ausdauer verfolgen als jene, die Ihnen als Hirngespinste im Kopf herumspuken. Die Anregung hier: Machen Sie sich klar, welche Ziele und Projekte Ihnen wirklich wichtig sind und körperliche Resonanz in Ihnen auslösen. Falls es Ihnen schwer fällt, ein Gespür dafür zu entwickeln, dann können Sie zum Kinesiologen oder zur Kinesiologin gehen und über sogenannte Muskeltests wieder lernen, an die Weisheit Ihres Körpers anzukoppeln. Eine weitere Möglichkeit ist der Focusing Ansatz nach Gene Gendlin[41], bei dem Sie lernen, eine offene, wohlwollende und loyale Beziehung zu Ihrem Körper zu kultivieren. Darüber hinaus können Sie alle Formen von Achtsamkeitsübung nutzen, die Sie darin unterstützen, ein tieferes Gespür für sich selbst zu entwickeln.

ÖKOLOGISCH UND ÖKONOMISCH

Ein Ziel an sich kann wundervoll präzise herausgearbeitet sein und hohe Attraktivität auf uns ausüben. Und doch können wir uns sehr schwer tun, in Bewegung zu kommen. Irgendetwas blockiert, ohne dass wir sagen können, was eigentlich los ist. Häufig passiert das dann, wenn wir das Ziel in unserem mentalen Labor entwickelt haben und andere wesentliche Aspekte unseres Lebens, andere wichtige Ziele und Bedürfnisse beim Entwickeln des Lösungsszenarios übergangen und ignoriert haben. Deshalb müssen wir unsere Ziele und Projekte abschließend auf ökologische und ökonomische Stimmigkeit prüfen.

Mit dem Ökologie-Check prüfen wir das Lösungsszenario gegen andere wesentliche Ziele und Bedürfnisse und klären, wo es Konflikte oder potentielle Konflikte gibt. Es ist beispielsweise eine tolle Idee, den bevorstehenden Arbeitsplatzverlust zu nutzen, um endlich die lang ersehnte Weltreise zu machen – zumal dann, wenn Sie ein bisschen Geld auf der hohen Kante haben. Wenn Ihre Frau allerdings im siebten Monat schwanger ist oder Sie Leiter einer christlichen Jugendgruppe sind, die gerade ein Filmprojekt begonnen hat und mit Hochdruck auf die Teilnahme an einem nationalen Filmfestival für Lowbudget-Filme hinarbeitet, dann haben Sie gegebenenfalls ein Problem.

Wenn Sie in einer unternehmerischen Krise radikale Veränderungen vornehmen wollen, die ganz auf Ihrer Linie liegen, aber völlig außer Acht lassen, dass das Herz Ihrer Geschäftspartnerin an den gegenwärtigen Produkten und Dienstleistungen hängt, dann haben Sie gegebenenfalls ein ähnliches Problem mit der Ziel-Ökologie.

Zuallererst sind Sie gefordert, potentielle Zielkonflikte aufzudecken. Dann müssen Sie sich um Lösungen und Kompromisse bemühen. Diese Konflikte können durchaus in Ihnen selbst liegen. Oft aber liegen Sie in der Beziehung zu anderen begründet, welche die Situation anders sehen und eigene Ziele und Bedürfnisse haben. Wenn Sie sich hier frühzeitig um Lösungen bemühen, dann setzen Sie Ihre Kraft effektiv ein und ersticken potentielle (Selbst-)Sabotage-Spiele im Keim.

Der Ökonomie-Check prüft das Ziel auf ein gesundes Verhältnis zwischen Ressourceneinsatz und angestrebtem Ergebnis. Es ist genial, wenn Ihre Familie Zuwachs bekommt, der Anlass einen Umzug in größere Wohnräume nahelegt und Sie diese Gelegenheit nutzen wollen, um ein Haus zu bauen. Wenn Sie allerdings beide berufstätig sind, ein Hausbau viel Eigeninitiative und -engagement fordern würde, um finanziell realisierbar zu sein, dann könnten Sie sich mit der angestrebten Lösung auch massiv überfordern. In diesem Fall könnte es Sinn machen, nach einer Übergangs- oder Alternativlösung zu suchen.

Wenn Sie im Handelsunternehmen den Verlust eines wichtigen Lieferanten mit der Akquise neuer Produzenten und Lieferanten ausgleichen wollen und dafür Produkte auswählen, die Sie zwar sexy finden, Ihre Kunden aber dröge, dann ist das eine Milchmädchenrechnung.[42] In dieser Situation könnte es sich lohnen, andere Lösungswege zu suchen oder die Lösung weiter zu differenzieren, indem Sie beispielsweise neue Kundenzielgruppen ansteuern.

Kurzum: Nehmen Sie Ihre Ziele unter die Lupe. Setzen Sie diese in Bezug zu anderen Interessen und vorhandenen Ressourcen. Wenn das Gesamtgefüge durch Ihr neues Ziel unerfreulich aus den Fugen gerät, dann begeben Sie sich noch einmal zurück in die gute Stube und entwickeln Sie Zielvarianten, die besser passen. Wenn das Gesamtgefüge erfreulich aus den Fugen gerät und Sie über ausreichend Abenteuergeist sowie Durchhaltevermögen verfügen, dann können Sie auch dran bleiben und umfassende Umbrüche angehen.

TRÄUME SIND BÄUME

Wir leben so vor uns hin und beten unbewusst nach, was wir in langen Jahren gelernt haben: „Träume sind Schäume." Irgendwie ist das ein interessantes Phänomen. Aber genau genommen ist es ein Drama, das ziemlich viel Lärm in der Welt verursacht.

Wir könnten uns zu dem Wortspiel verführen lassen, Träume seien Bäume, also etwas Lebendiges, das aus einem Samen entsteht und ausgehend von einem kleinen empfindlichen Keimling über die Zeit wächst. Wir könnten uns darauf einlassen, unsere Träume seien etwas Lebendiges, das Sonne, Wasser und Nährstoffe braucht. Wahrscheinlich würden wir dennoch japanischen Kultivierungsgepflogenheiten folgen und den Baum kunstvoll zu einem handlichen Bonsai verstümmeln.

Während wir unsere Träume auf dem Altar unserer Anpassungsfreude und unserer sozialen sowie materiellen Absicherungsstrategien opfern, verlieren wir die Verbindung zu unserer wesentlichen Kraft oder genauer, der Lebenskraft selbst. Unser existenzielles Orientierungsorgan verkümmert, das Viktor Frankl[43] im „Gewissen" aus- und festgemacht hat. Dann müssen wir uns mit den Notlösungen behelfen, welche uns die Gesellschaft im Großen wie im Kleinen hinhält und manchmal aufnötigt, wenn wir vollkommen aus dem Ruder des menschlich Annehmbaren laufen. Moral, Regeln und Normen sowie Rituale und festgeschriebene Rollen treten an die Stelle unseres natürlichen Sinns für wesentliche Lebensführung und einer vitalen, selbstbestimmten Lebensweise.

Wir berühren viele negative Glaubenssätze und Blockaden in und um uns, wenn wir uns mit Entschlossenheit unseren wesentlichen Sehnsüchten zuwenden und auf unserer abenteuerlichen Reise ins gelobte Land etwas unkonventionellere Lebenspfade erschließen. Unser Umfeld reagiert oft unverblümt intolerant auf unsere „übermütigen" und „unrealistischen" Anwandlungen, wenn wir aus dem bürgerlich trägen Konvoi ausscheren und Verträge aufkündigen, die wir unterschrieben haben, als wir noch gar nicht existenziell geschäftsfähig waren.

Mit erstaunlicher Treffsicherheit drücken unsere Mitmenschen auf das eine oder andere Knöpfchen – oft ohne Absicht und ebenso oft aufgrund eigener Ängste. Schon heulen bei uns die Alarmsirenen, die vor Untergang, sozialer Ausgrenzung und, in den ganz dramatischen Momenten, vor dem nahestehenden Tod oder Wahnsinn warnen. Ebenso schnell lassen wir von unseren vermeintlichen Verrücktheiten ab, reihen uns wieder ein ins vertraute Glied und folgen weiter ausgetretenen Pfaden durch trostlose oder plastikbunte Lebenslandschaften.

Wenn wir uns ausgehend von Problemen, anspruchsvollen Herausforderungen und unbequemen Situationen jenen Lösungen zuwenden, die an unsere tiefen Sehnsüchte und Träume ankoppeln, dann kommen wir mit destruktiven inneren und äußeren Dynamiken in Berührung. Nicht, dass diese Muster zuvor nicht aktiv gewesen wären. Wir haben uns nur die ganze

Zeit innerhalb dieser bewegt und unser ganzes Handeln darauf ausgerichtet, nicht mit diesen in Berührung zu kommen.

Doch jetzt, wo wir uns dem Wesentlichen und Lebendigen zuwenden, berühren wir die Grenzen des vermeintlich Erlaubten, denn wir müssen dort hindurch. Jetzt wo wir die Schale der engen Muster endlich aufbrechen, werden die Tabus als solche sichtbar und zerbrechen. Manchmal braucht es heftige Momente und bedrängende Situationen, damit wir endlich den Schritt in die gefühlte Isolation und in unbekanntes Land wagen.

Das ist das Ressourcen- und Sinnvolle an unseren Krisen und existenziellen Nöten, selbst wenn diese sehr, sehr unbequem und schmerzhaft sein können.[44] In diesen Krisen und Nöten kommen wir an den Punkt, wo die Rückkehr zur alten Normalität sicher in den Untergang führt und das vermeintlich gefährliche Neue immerhin die Chance auf Rettung in sich birgt.

Natürlich gibt es auch weichere und entspanntere Möglichkeiten, unseren Träumen in der Tiefe die Treue zu halten, während wir an der Oberfläche spielerisch produktive Wege im Umgang mit Mitmenschen und materiellen Gegebenheiten suchen. Probleme und Herausforderungen können und sollen wir auf jeden Fall als Einladungen des Lebens auffassen, uns endlich um unsere wesentlichen Angelegenheiten zu kümmern. Und wir sollen und können dies immer ausgehend von dieser gegenwärtigen, häufig wenig idealen Lebenssituation tun.

KONFLIKTE LÖSUNGSORIENTIERT NUTZEN

Konflikte sind ideale Situationen, um von der Problemhypnose zur Lösungsorientierung überzugehen. Anders formuliert, solange wir uns in Konfliktsituationen auf Probleme konzentrieren und ganz besonders darauf, wie der andere die Probleme hervorbringt und am Leben hält, solange befinden wir uns in kraftzehrenden und ermüdenden Eskalationsschleifen. Wenn Sie an den Film „Der Rosenkrieg“ mit Michael Douglas und Kathleen Turner denken oder an befreundete Paare, die sich in einen destruktiven Trennungs- und Selbstzerstörungsprozess hineinsteigern, dann wissen Sie ungefähr, was ich meine.

Meist gehen wir davon aus, dass es für unsere eskalierenden Konflikte echte Gründe gibt. Ich behaupte, dass wir uns streiten und manchmal heftig streiten, weil wir noch nicht richtig wissen, wie wir unser Leben produktiv gestalten können oder uns nicht trauen, dieses Wissen anzuwenden.

John Irving soll Folgendes gesagt haben: „Wer weiß, wie er sein Leben gestalten muss, um glücklich zu sein, muss nur noch den Mut finden, es auch zu leben.“ Wir glauben, es ginge um Gerechtigkeit oder darum, Rache zu üben und Genugtuung für die Verfehlungen des anderen zu bekommen. Ich behaupte, dass wir uns streiten, weil wir Intensität suchen und uns lieber gegenseitig umbringen, als uns zu langweilen. Wenn wir uns oft und mit vielen Menschen streiten, dann brauchen wir sicher viel Intensität in unserem Leben und wir sollten uns dringend um jene Bereiche kümmern, in denen wir Intensität auf gelassene, erfüllende und produktive Weise finden können: einerseits, indem wir unsere Potentiale in wesentlichen Projekten entfalten, und andererseits, indem wir die große Party, die unser Lebens auch ist, feiern.

Eine Möglichkeit, wie wir in Konfliktsituationen die Abwärtsspirale von Hass, Verletzung und Gewalt durchbrechen können, besteht darin, dass wir uns auf Lösungen hin orientieren, die von einer erwünschten Zukunft handeln. Dies gelingt uns natürlich erst dann, wenn wir und unser Konfliktpartner bereit sind, die Unterschiede zwischen unseren individuellen Perspektiven und Bedürfnissen anzuerkennen und vorübergehend die Perspektive des jeweils anderen einzunehmen.[45]

Wenn es uns nicht gelingt, eine solche Grundlage zu schaffen, dann ist die Eskalation meist schon zu weit fortgeschritten. Dann schalten wir innerlich die soziale Kontaktfunktion unseres Organismus ab und stellen uns mit allen verfügbaren Mitteln auf Kampf oder Flucht ein.[46] In solchen Momenten gibt es nur eine fruchtbare und gesunde Lösung: Wir müssen uns zurückziehen und wieder zu uns kommen. Wir müssen uns und dem anderen Raum geben, damit sich unsere heißkalte Verfassung wieder normalisieren kann. Wenn wir uns sicher und gut aufgehoben fühlen, dann reaktiviert unser Organismus nach und nach die soziale Kontaktfunktion und wir können gemeinsam wieder sachlicher, wertschätzender und verbindlicher über die konflikthaften Inhalte sprechen.

Wenn dieser Punkt erreicht ist, empfiehlt sich ein Vorgehen in drei Schritten:

1. Jede Partei entwickelt für sich ein Lösungsszenario.
2. Jede Partei stellt der anderen ihr Lösungsszenario vor.
3. Beide Parteien klären, wo es Einigkeit in den Szenarien gibt und wo Differenzen herrschen.

Häufig bleiben dann nur wenige, überschaubare Spannungs- und Konfliktfelder übrig. Ausgehend von der gemeinsamen Basis, die in der Ähnlichkeit beider Lösungsvisionen liegt, wird es dann einfacher, Kompromisse in den verbleibenden Konfliktthemen zu finden.

MIT PERSPEKTIVWECHSELN ARBEITEN

In den vorherigen Kapiteln habe ich Sie eingeladen, mit den Übungen aus einer einzigen Perspektive heraus zu experimentieren. So betrachten Sie die Sachverhalte aus Ihrer Perspektive:

- **Lösungsszenario entwickeln**: Was wird da sein, wenn das Problem gelöst ist? Was werde ich sehen, spüren, hören, riechen und schmecken? Was werde ich tun und denken?
- **Ausnahmen finden**: Woher kenne ich das, wo habe ich das schon mal ein bisschen erlebt oder kennengelernt? Bei wem ist das so? Was habe ich zu dieser Situation beigetragen?

- **Lösung verwirklichen**: Welches sind Teilziele und Umsetzungsetappen? Was muss ich in welcher Reihenfolge tun? Was kann ich als nächstes tun?

Oft lohnt es sich allerdings, Ihre Perspektive um die virtuellen Sichtweisen anderer zu erweitern:

- **Lösungsszenario entwickeln**: Woran merkt mein Partner oder meine Partnerin, dass das Problem gelöst ist? Woran die Kinder, die Kollegen, mein Chef, meine Kunden und meine Freunde? Woran meine Katze oder Hund? Woran würde es ein Coach und Experte für diese spezielle Art von Herausforderung und entsprechender Lösung erkennen?
- **Ausnahmen finden**: An welche Situationen würden mein Partner oder meine Partnerin denken, in denen das Problem schon ein bisschen gelöst war? An welche die Kinder, die Kollegen, mein Chef, meine Kunden und meine Freunde? Auf welche würde ein Coach und Experte für diese spezielle Art von Herausforderung hinweisen?
- **Lösung verwirklichen**: Welche Teilziele und Umsetzungsetappen würde mein Partner oder meine Partnerin sehen? Welche die Kinder, die Kollegen, mein Chef, meine Kunden oder meine Freunde? Welche ein Coach und Experte für diese spezielle Art von Projekt? Welche Reihenfolge würden sie vorschlagen?

Über den Umweg der anderen erschließen Sie weitere Lösungsdetails, Ausnahmesituationen und konkrete Ansatzpunkte, um Ihre Lösung zu verwirklichen. Oft entdecken Sie durch die geliehenen Augen der anderen Details, die Ihnen entscheidend weiterhelfen. Diese können Sie ganz unabhängig von der Tatsache nutzen, ob die hilfreichen anderen Ihre Situation tatsächlich so wahrnehmen würden.

Durch Perspektivwechsel können Sie auch Stärken erkennen, die Sie aus falscher Bescheidenheit und Befangenheit vielleicht gar nicht sehen und anerkennen wollten. Manchmal entwickeln Sie darüber hinaus ein differenziertes Gespür für die wesentlich wichtigen Aspekte der Lösung und finden Widersprüche und Konflikte, die aufgelöst werden wollen.

WIR WOLLEN GEFORDERT WERDEN

Es ist eine verbreitete Illusion, wir wollten es gerne bequem und entspannt haben. Wenn wir uns ausgehend von unseren Problemen und unproduktiven Herausforderungen um Lösungen bemühen, in denen eitel Sonnenschein herrscht, dann gehen wir in die Irre. Die wundervoll harmonischen Situationen aus der Kaffee-, Margarine- und Joghurtwerbung sind für Menschen mit durchschnittlicher Langeweiletoleranz ungefähr ein bis zwei Stunden zu ertragen. Danach schreit die Seele nach Herausforderungen.

Finden Sie es nicht erstaunlich, welch heftige Thriller Sie sich am Wochenende und in den Ferien gönnen? Finden Sie es nicht beachtlich, mit welchen Hobbies Sie sich plagen? Haben Sie sich nie darüber gewundert, welch wundervolles Konfliktpotential Ihre Friede-Freude-Eierkuchen-Paradiese wie Urlaub, Weihnachten und Ehrenamt bergen?

Die Frage ist weniger, ob wir es gerne knackig mögen, sondern ob wir uns um die produktiv knackigen Herausforderungen kümmern, also die Verwirklichung unserer Träume und Projekte. Natürlich, wir können uns auch vom Leben mit unproduktiv knackigen Herausforderungen versorgen lassen. Meist sind das Probleme, Konflikte, Krankheiten, Unfälle und andere Krisen. Je eher Sie sich an den Gedanken gewöhnen, dass Sie eine gesunde Balance zwischen Chillout und intensivem Genuss einerseits und Anforderung sowie effektiver Produktivität andererseits brauchen, um sich wirklich lebendig zu fühlen, umso schneller können Sie aus einem problembeladenen Leben in ein gelassen engagiertes und heiter produktives finden.

Dies nun ist ein wesentlicher Effekt der lösungsorientierten Grundhaltung im Leben: Sie versetzen sich selbst in die Lage,

Herausforderungen immer gelassener und effektiver zu bewältigen. Damit steigt gleichzeitig Ihr Hunger nach angemessenen Anforderungen und Ihre Verantwortung, sich mit solchen zu versorgen wird größer. Wenn Sie sich also für den lösungsorientierten Weg entscheiden, dann entscheiden Sie sich automatisch für den Weg des Engagements und des wesentlichen Wirkens in der Welt. Das eine bringt das andere mit sich.

Die Früchte, die Sie auf diesem Weg ernten, sind inspirierende Kontakte, intensive Erfahrungen und die Entfaltung Ihrer Potentiale auf vielen unterschiedlichen Ebenen. Darüber hinaus finden Sie größere Gelassenheit, mehr Sinn und tiefe Lebensfreude, je tiefer Sie in Ihre wesentliche Lebensspur finden.

Könnten Sie jetzt schon mit alldem umgehen? Ich bezweifle es. Aber ich kann Sie trösten: So schnell wird sich diese Veränderung nicht vollziehen. Sie haben noch ein bisschen Zeit, Ihre unproduktiven Schleifen zu ziehen und alte Gewohnheiten beizubehalten. Und Sie können sich überraschen lassen, wie sich Ihr Leben nach und nach grundlegend von innen her revolutioniert – hin zu mehr Produktivität, Gelassenheit und großer Leichtigkeit.

INTENSIV UND GELASSEN LEBEN

Lösungsorientierung scheint etwas Selbstverständliches zu sein. „Natürlich gehe ich lösungsorientiert vor." Diesen Ausspruch habe ich von vielen Menschen gehört. Viele bezeugen damit ihre Absicht, ein bestimmtes Problem lösen zu wollen. Welche Wege wir aber nutzen können, um anspruchsvolle und manchmal bedrohliche Herausforderungen zu meistern, wissen viele nicht oder nur ansatzweise.

Das vertraute Vorgehen, mit dem wir unseren Problemen begegnen, besteht häufig darin, nach Ursachen und Schuldigen oder nach Schwachstellen in der Problemumgebung zu suchen. Die Logik: „Wenn ich verstanden habe, wie das Problem entstanden ist, dann kann ich eine vergleichbare Entwicklung in der Zukunft verhindern." Einiges fällt bei dieser Logik unter den Tisch:

- Wir können unter keinen Umständen herausfinden, was wirklich passiert ist. Wir finden allenfalls eine oder mehrere Perspektiven auf das, was passiert ist, und wenn wir andere hinzuziehen, eine Mehrheit für die eine oder andere Perspektive. Jene Perspektive, zu der die Mehrheit neigt, wird meist als Wahrheit gehandelt.
- Mit unserer Annäherung an die Problementstehung schauen wir immer rückwärtsgewandt auf „Wirklichkeiten", die so

nicht mehr existieren und so nie mehr vorkommen werden. Diese Erkenntnis bezieht sich vor allem auf zwischenmenschliche Konstellationen und das zugehörige Verhalten. Doch genau das ist entscheidend, weil die meisten Probleme, Konflikte und Krisen viel mehr mit dem Verhalten von Menschen zu tun haben, als mit den materiellen Gegebenheiten des Kontextes, in dem das Problem aufgetaucht ist. Die Brücke stürzt meist deswegen ein, weil sich ein Statiker geirrt hat, ein Bauunternehmer sparen wollte oder den Stahlwerkern bei der Produktion des Armierungsstahls ein Fehler unterlaufen ist. Doch diese Erkenntnisse lehren uns eigentlich nur Banales: „Wir müssen besser aufpassen und kontrollieren." Wow!

- Bei der Ursachenforschung bekommen wir kaum Information darüber, welche Lösung eigentlich erwünscht ist. Wir gehen häufig davon aus, dass wir ausgehend von einem Problem zu jenem Zustand zurückkehren sollten, der vor dem Auftreten des Problems herrschte. Dabei unterschlagen wir vollkommen die Entwicklungs-, Lern- und Innovationseinladung, welche das Leben über das Problem an uns heranträgt. Darüber hinaus verweigern wir uns einer grundlegenden Realität: Wir können nie zu einem früheren Entwicklungsstadium zurückkehren oder irgendeinen Zustand stabil halten, wenn wir gleichzeitig lebendig sein wollen.

Weiterhin bilden wir Hypothesen, was war und wieder sein sollte. Dann streiten wir uns ausgehend von diesen Hypothesen über die „Wahrheit" dessen was war und sein sollte, und begeben uns auf eine Karussellfahrt, die sich meist um egozentrische Fragestellungen von Macht, Recht und Definitionshoheit[47] dreht. Bei dieser Karussellfahrt wird es allen Beteiligten nach und nach übel – die sensibleren Naturen erwischt es etwas früher. Alle geben vor, das Karussell wieder zum Stillstand bringen zu wollen, während nahezu alle das Karussell mit Gehampel, Gestreite und Gerangel weiter antreiben. Die Sensiblen beteiligen sich weniger, denn sie sitzen bereits am äußersten Rand und sind redlich bemüht, ihren Magen unter Kontrolle zu halten ...

DIE SEGENSSPIRALE DER SELBSTVERANTWORTUNG

Mit der Lösungsorientierung verfolgen wir einen anderen Ansatz. Wir bleiben offen und zurückhaltend, was Hypothesen über die Vergangenheit, die Entstehung des Problems sowie Schuldige und Opfer angeht. Stattdessen entwickeln wir Hypothesen über eine erwünschte Zukunft.

Die Erfahrung lehrt uns, dass Adam und Eva nicht weit sind, wenn wir nach den Ursachen forschen. Damit folgen wir vortrefflich ihrer Spur, die geradewegs aus dem Paradies hinausführt. Und das, obwohl wir doch so gerne zurückkehren wollen. Der lösungsorientierte Ansatz öffnet die Perspektive in Richtung irdisches Paradies. Dieses andere, erwachsene Paradies finden wir dann, wenn wir unsere wesentlichen Ziele herausarbeiten, Projekte daraus ableiten und diese mit Hingabe verwirklichen. Dies nun ist ein existenzielles Paradox:

- Wir finden unser Glück nicht erst dann, wenn wir unsere Träume verwirklicht und unsere Ziele erreicht haben, sondern dann, wenn wir uns mit Kraft und Entschlossenheit dem zuwenden, was jetzt dran ist.
- Wir finden Freiheit und Leichtigkeit mit jedem Schritt, den wir hier und jetzt auf den Pfad setzen, der uns über die Stationen erfüllter Träume und abgeschlossener Projekte in einer lebendigen Bewegung immer weiter führt.
- Wir finden Intensität und Gelassenheit dort, wo wir das Reisen durch die Landschaften unseres Lebens zum Mittelpunkt machen.
- Wir finden Erfüllung, wenn wir unsere Erfolge feiern – auch in dem Wissen, dass wir diese in guter Erinnerung behalten werden, wenn wir wieder unterwegs sind zu neuen Reisezielen.

Insofern ist der lösungsorientierte Ansatz viel mehr als eine Technik, um Probleme zu lösen. Er beschreibt eine Grundhaltung, die wir in unserem Leben kultivieren können. Er bietet uns darüber hinaus konkrete und ganz einfache Mittel an, die wir nutzen können, um uns auf Wesentliches in unserem Leben zu fokussieren.

Wir können über unsere widrigen Lebensumstände, den Zustand der Gesellschaft sowie unsere materielle und soziale Situation klagen. Wir können uns auch verneigen vor dieser gegenwärtigen Situation, Frieden schließen mit dem was ist und damit unsere Selbstverantwortung anerkennen.

Wir sind für uns und unser Glück selbst verantwortlich. Das Leben lädt uns ein, vorhandene Spielräume und Werkzeuge zu nutzen, auch wenn die Spielräume eng sind und die Werkzeuge stumpf. Das Leben lädt uns ein, uns mit anderen Menschen zusammenzutun, um wesentlich Menschliches zu bewirken, auch wenn wir diese Menschen nicht gleich um die Ecke finden oder die Menschen, die wir finden, ziemlich unbequem sind. Das Leben lädt uns in jedem Augenblick ein, unsere Potentiale zu entfalten, in unsere Mitte zu kommen und das Leben zu feiern. Aber es liegt in unserer Verantwortung und Freiheit, ob wir diese Einladung annehmen oder ausschlagen.

Unsere grundlegende Verantwortung besteht darin, uns ausgehend von den wenig idealen Bedingungen dieses Augenblicks auf die Reise zu machen. Auf dieser Reise sollen wir uns an unseren wesentlichen Zielen ausrichten und alles Verfügbare nutzen, um möglichst angenehm, lehrreich und sicher zu reisen. Auf dieser Reise finden wir Glück und Gelassenheit und wir entfalten nach und nach unsere Potentiale. Wenn wir uns dieser Verantwortung stellen, dann bleibt da kaum Raum und Bedürfnis, unser Handeln an irgendwelchen äußeren Maßstäben von richtig und falsch zu messen. Wir tanzen einfach heiter von Augenblick zu Augenblick und schließen Freundschaft mit uns selbst, den Menschen und den Dingen.

WIR LEBEN DAS LEBEN IN WACHSENDEN RINGEN

Das Leben ist großzügig und wohlwollend, wenn wir ihm beweglich und selbstbewusst folgen.[48] Aber es ist rigoros und deutlich, wenn wir uns trotzig und eigenwillig seinem Ruf verweigern. Das, was wir jetzt als massives Problem oder ausgemachte Not empfinden, ist „nur" die Konsequenz aus einem wenig fruchtbaren Zusammenspiel aus Einladungen, die das Leben kontinuierlich an uns herangetragen hat, und der fortgesetzten Ignoranz, mit welcher wir uns diesen Einladungen verweigert haben.

In dem Maße wie wir unsere Ignoranz und Verweigerung aufrechterhalten, läuft das Leben mit deutlicheren Signalen und Hinweisen auf. Was mit netten kleinen Hinweisen begann und sich dann über größere Hinweistafeln und grell blinkende Leuchtschriften entwickelte, spitzt sich jetzt in der Eskalation mit Stolperfallen, äußeren Blockaden sowie Unfällen, Notfällen und Erkrankungen massiv zu. Dieser Prozess läuft vorhersehbar so lange, bis wir unseren Widerstand aufgeben, um dem Leben zu lauschen, oder kollabieren und existenziell zusammenbrechen, um dann zu lauschen, wenn wir noch können.

Wenn wir uns endlich unseren unbequemen Einladungen zuwenden, dann tut das Problem bei oberflächlicher Betrachtung so, als müssten wir uns um eine konkrete Anforderung kümmern. Wenn wir aber lösungsorientiert näher herantreten, dann erkennen wir, dass uns das ursprüngliche Problem auf unsere Entwicklungseinladungen und unsere Potentiale insgesamt verweist. Wir sollen uns dem Problem zuwenden, um unsere Lern-, Lösungs- und Entwicklungsmuskeln aufzuwärmen und zu dehnen. Wir sollen uns im Umgang mit dem Problem bereit machen für die größere Entwicklungsbewegung, die unser wahres Leben selbst ist.

Wenn wir auf diese umfassende und lebensnahe Weise mit unseren Problemen umgehen, dann vollzieht sich eine tiefgreifende Wandlung. Je konkreter und greifbarer wir unsere Lösungsvision entwickeln, umso mehr Erleichterung schafft sie. Auch wenn diese Entwicklung zeitweise wie eine euphorische Eskapade scheinen mag, so sind Leichtigkeit, Beweglichkeit und Zugang zu unserer Kraft doch wichtige Voraussetzungen, um hartnäckige Probleme zu lösen. Darüber hinaus sind Gelassenheit, Geschmeidigkeit und Lebenslust eindeutige Indizien dafür, dass wir die Witterung unserer ureigenen Lebensspur aufgenommen haben.

Während wir uns noch ziemlich abstrakt mit unserer Lösungsvision, also einer echten, für uns relevanten Lösungsmöglichkeit beschäftigen, finden wir mehr und mehr konkrete Orientierung, wohin wir unsere Schritte als nächstes lenken sollen. Der Lösungsprozess erlaubt uns damit, die schwindelerregende und ermüdende Kreisbewegung um den Problemmittelpunkt zu beenden. Kurz: Mit der intensiven Arbeit an der Lösung rückt das ursprüngliche Problemthema nach und nach in den Hintergrund.

Das Problem ist ein Problem. Und gleichzeitig ist das Problem eine Aufforderung des Lebens, wir mögen uns unseren wesentlichen Wünschen und Bedürfnissen zuwenden und Verantwortung für die Entwicklungsrichtung unseres Lebens übernehmen. Wenn wir lösungsorientiert vorgehen, dann entpuppt sich das ursprüngliche Problem im Nachhinein häufig als eine Überfahrt bei hohem Seegang, das uns in eine neue, lebenswertere Wirklichkeit geführt hat.

Die Reise mit lösungsorientierten Fortbewegungsmitteln führt in nahezu allen Fällen über den ursprünglichen Problemkontext hinaus. Das, was in den Beispielen im ersten Moment vielleicht paradox wirken mag, ist also mehr als erwünscht: Ausgehend von einem konkreten Problem und einer stark auf das Problem und den Problemkontext verengten Perspektive, öffnen wir durch das lösungsorientierte Vorgehen unseren Fokus für andere wesentliche Lebensaspekte, die berücksichtigt und ernst genommen werden wollen.

Wir öffnen unsere Wahrnehmung und unser Bewusstsein für Sehnsüchte, Träume und Bedürfnisse, die wir leben und verwirklichen sollen. Wir improvisieren, wo wir zuvor kontrollieren wollten. Wir lassen uns von einer Kraft tragen, die größer ist als wir selbst. Wir bewirken kleine Wunder des Alltags und freuen uns mit all jenen, die zum Gelingen beitragen. Im genussvollen Schwelgen gegenwärtiger Erfolge nehmen wir schon wieder Tuchfühlung mit dem Leben auf. Wir schaffen immer wieder Raum für jene Träume und Projekte, die in uns schlummern und gerade erwachen oder die das Leben von außen an uns heranträgt.

GEHEN SIE'S GEMÄCHLICH AN!

Vielleicht haben Sie dieses Buch überflogen. Vielleicht haben Sie es durchgearbeitet. Vielleicht haben Sie manches schon eingesetzt, um konkrete Problemstellungen in Herausforderungen zu verwandeln. Wie auch immer: Sie brauchen sich nicht vornehmen, diesen Ansatz der Lösungsorientierung in Ihr Leben zu integrieren. Sie können mit diesem spielerisch experimentieren und darüber hinaus gelassen dem Lauf der Dinge folgen.

„Was ist der Lauf der Dinge und woran erkenne ich diesen?", fragen Sie sich vielleicht. Er zeigt sich in kleinen, freundlichen Fingerzeigen hier und in unbequemen Rückmeldungen dort. Wenn Sie sich offen und interessiert auf den gegenwärtigen Augenblick einlassen, dann erkennen Sie nach und nach, wie das Leben Sie führt mit inneren Resonanz- und Dissonanz-Empfindungen, mit Rückmeldungen, die andere Menschen Ihnen geben, und mit Dingen, die mal geschmeidig funktionieren und mal bockig die Kooperation verweigern.

Sie können sich überraschen lassen, wann Sie das erste Mal merken, dass Sie sich mit Ihrer Aufmerksamkeit vom Problem ab- und den Lösungen zuwenden, und wie Sie dabei Ihre Träume und Sehnsüchte einbeziehen. Und Sie können sich überraschen lassen, wie Sie diese Träume und Sehnsüchte mit Ihrem wohlwollenden Interesse und Ihrer Tatkraft zum Leben erwecken.

Irgendwann leben Sie auf neue Art. Ganz selbstverständlich nutzen Sie jene lösungsorientierten Werkzeuge, mit denen Sie sich wohlfühlen und die sich im Einsatz bewähren. Nach und nach wird Ihnen bewusst, dass Sie einen wesentlichen Schlüssel zur Tür bedingungslosen Glücks gefunden haben. Noch besser: Sie haben einen Dietrich gefunden, den Sie auch in vermeintlich ausweglosen Situationen nutzen können, um ganz unterschiedliche Türen zu öffnen, die Ihnen bisher verschlossen waren.

Das Leben lädt Sie in jedem Augenblick ein, intensiv und gelassen zu leben. Diese Einladungen kommen im Gewand von Wünschen, Träumen und Zielen angenehm daher, im Gewand von Problemen und Krisen eher unerfreulich. Sie können mit diesen Einladungen tun, was Sie wollen. Wenn Sie diese ausschlagen, dann wird Ihr Leben vermutlich anstrengend intensiv oder eintönig und langweilig. Wenn Sie diese annehmen wollen, dann gibt es nur einen Weg: Ihre Potentiale gelassen entfalten. Ihre Potentiale entfalten Sie mit jedem Problem, das Sie lösungsorientiert in eine Herausforderung verwandeln und mit jeder wesentlichen Möglichkeit, die Sie spielerisch handelnd auf die Probe stellen.

Und wie steht es mit der Gelassenheit? Gelassenheit finden Sie nahezu automatisch, wenn Sie das Spiel und das Spielerische zum Zentrum Ihrer Aufmerksamkeit machen. Dann hören Sie auf, sich mit Ideen über Erfolg und Scheitern unter Druck zu setzen. Und Sie begreifen das aktuelle Zwischenergebnis im großen Lebensspiel als lehrreiche Rückmeldung fürs nächste Spiel oder Spielmanöver.

Ihre Wahrnehmung, Ihre Denkgewohnheiten und die Art, wie Sie Ihre Aufmerksamkeit fokussieren, ermöglichen in Kombination mit den Konzepten von Raum und Zeit blockierende und befreiende Gedankenspiele – das haben wir in diesem Buch gemeinsam herausgefunden. Wenn die lösungs- und ressourcenorientierten Gedankenspiele überhand nehmen und Sie diese durch konkretes Handeln dorthin übersetzen, wo das große Spiel des Lebens stattfindet, nämlich ins Hier und Jetzt, dann werden diese befreienden Gedankenspiele zu einer wundervollen Zutat eines reichen und erfüllten Lebens.

Ich wünsche Ihnen viel Freude, Leichtigkeit und inspirierende Begegnungen bei den kleinen und großen, bei den mentalen und konkreten, aber hoffentlich immer befreienden Spielen und Spielmanövern.

ANHANG

ANMERKUNGEN

1 Im Verlauf der Kindheit nimmt unsere Fähigkeit, Situationen angemessen einzuschätzen, theoretisch zu. Dies ist zum einen der rasanten Gehirnentwicklung in dieser Lebensphase zu verdanken, zum anderen dem Umfang an vielfältigen Erfahrungen, der ebenso rasant zunimmt. Warum unsere Fähigkeit, Situationen angemessen einzuschätzen, nur „theoretisch“ zunimmt, fragen Sie? Weil frühe, negativ besetzte Erfahrungen neue Erfahrungsmöglichkeiten stark beschränken. Wo wir als Kinder – gefühlt ohnmächtig – bedrohliche Erfahrungen machten und niemand da war, der uns geholfen hätte, diese Erfahrungen sinnvoll zu integrieren, fällt es uns zu einem späteren Zeitpunkt oft schwer, die größere Übersicht zu nutzen, die uns aufgrund von Körpergröße, Gehirnentwicklung und Erfahrungsschatz eigentlich zur Verfügung stünde.

2 Forensische Psychiatrie: Häufig sogenannter Hochsicherheitstrakt in psychiatrischen Kliniken, in denen als psychisch krank eingeschätzte Straftäter untergebracht werden.

3 Gunther Schmidt ist Arzt, Autor und Psychotherapeut. Er hat systemische Therapie und Hypnotherapie im hypno-systemischen Modell zusammengeführt, einige Institute gegründet und leitet u.a. das Milton-Erickson Institut in Heidelberg.

4 Die Vertreter einer bestehenden Ordnung würden wohl von „Querulantentum“ sprechen. Gemeint ist hier der gesunde, soziale Übermut, mit dem ein Martin Luther King, eine Clara Schumann oder eine Coco Chanel, die bestehende Ordnung durch Handeln infrage gestellt haben.

Es geht um den Mut mancher Menschen, loyal gegenüber ihrer Berufung zu leben und die gängigen Vorstellungen sowie gesellschaftlichen Übereinkünfte in Wort und Tat infrage zu stellen, wo diese als absurd oder lebensfeindlich empfunden werden. Wenn Menschen so handeln, dann gerät die (überholte) Ordnung aus den Fugen. Über Destabilisierung und Neuordnung entsteht Raum für eine neue, bestenfalls menschlichere Ordnung.

5 Die erste der Vier Edlen Wahrheiten im Buddhismus lautet: „Das Leben ist Leiden." Glücklicherweise heißt die dritte: „Es gibt einen Weg, das Leiden zu überwinden." Wichtig in diesem Zusammenhang ist die Abgrenzung zwischen Schmerz und Leiden. Der Schmerz gehört zum Leben dazu und ist erträglich. Erst das Leiden, welches wir durch Kämpfen, Hadern und innere Verweigerung gegenüber den (manchmal unbequemen) Einladungen des Lebens hervorbringen, macht das Leben, gemäß der buddhistischen Überzeugung, zur Misere.

6 Es ist ein interessantes Phänomen, dass wir manchmal mit unserer vermeintlich hilfreichen Geduld weniger helfen, das Problem zu lösen, als vielmehr, es zu stabilisieren. Mit dem „Vorteil", dass wir uns stark fühlen können, während der andere sich für einen Moment entlastet, damit aber auch den existenziellen Druck abführt, welcher für die echte Bewegung und Veränderung benötigt wird. Die extreme Gegenposition: Den anderen im Stich und alleine lassen, als die gesunde, hilfreiche Haltung? Irgendwo angemessen dazwischen, am besten lösungsorientiert und „respektvoll respektlos". (Danke an Heinrich Dreesen vom Norddeutschen Institut für Kurzzeittherapie, von dem dieses Zitat stammt.)

7 Der Begriff „Wunderfrage" hat sich in der lösungsorientierten Beratungsarbeit eingebürgert. Die Wunderfrage umfasst viel mehr als eine einzige Frage. Sie ist vielmehr eine ganze Gesprächssequenz, die in eine leichte Trance, also in einen hypnotischen Zustand führt. Ursprünglich geht sie auf die Kristallkugel-Technik von Milton Erickson zurück. Siehe hierzu auch Steve de Shazer: Wege der erfolgreichen Kurztherapie.

8 Greenwich Village, ein Stadtteil von Manhattan, ist ein Künstler- und Szeneviertel mit vielen Cafés, Bars, Restaurants und experimentellen Theatern.

9 Alice Miller war eine Schweizer Autorin und Psychoanalytikerin jüdischer Abstammung. Sie hat in vielen Werken ihre Einsichten in die

Eltern-Kind-Beziehung dargestellt und ausgiebig Kritik an der Psychoanalyse geübt. Deren Triebtheorie griff Miller grundlegend an, weil diese, so Miller, Traumata der Kindheit als kindliche Phantasien darstelle und die Realität von Kindesmissbrauch und Kindesmisshandlung leugne.

10 Hochbegabung: Ein undifferenzierter Begriff, der ein überdurchschnittliches Abschneiden in einem Standard-IQ-Test beschreibt. Häufig IQ 130+. Aufgrund ihrer intellektuellen Fähigkeiten haben die „Betroffenen" häufig andere Lerninteressen und andere Bedürfnisse in der zwischenmenschlichen Begegnung als Menschen mit einem durchschnittlichen IQ.

11 Montessoripädagogik ist ein von Maria Montessori und anderen entwickeltes pädagogisches Bildungskonzept, das die Zeitspanne vom Kleinkind bis zum jungen Erwachsenen abdeckt. Das Kind wird als „Baumeister seines Selbst" verstanden.

12 Ein Zielkonflikt beschreibt eine Situation, in welcher das Erreichen eines Ziels das Erreichen eines anderen Ziels gefährdet oder ausschließt. Im Volksmund spricht man davon, „auf zwei Hochzeiten gleichzeitig tanzen zu wollen".

13 Mit Favela werden die besonders in Randlagen der großen Städte Brasiliens liegenden Armenviertel bezeichnet.

14 Im Spanischen bedeutet „macho", angewendet auf Tiere, lediglich „männlich". Bei Menschen betont der Begriff „macho", positiv verstanden, die Männlichkeit. Erst als „machismo" wird daraus der Männlichkeitswahn.

15 Museumspädagogik beschreibt unterschiedliche Aktivitäten, mit welchen Museumsbesuchern, häufig auch Kindern und Jugendlichen, Kunst und Kultur nahegebracht werden soll.

16 Ein Storyboard bzw. Szenenbuch ist eine skizzierte Version eines Drehbuchs. Manchmal wird mit einem Storyboard auch ein Konzept oder eine Idee veranschaulicht.

17 Dummerweise verwenden wir den Begriff „Amateur" meist, um jemanden zu beschreiben, der eine Aktivität oder ein Handwerk „stümperhaft" ausübt. Allerdings meint der Begriff „Amateur" einen Menschen, der etwas in erster Linie aus Liebe zur Sache tut und weniger, um Geld damit zu verdienen.

18 Blog, eigentlich Weblog, ursprünglich eine Art Tagebuch im Internet. Heute häufig journalistische Webseiten zu bestimmten (Fach-)Themen.

19 Während wir häufig von Standbein sprechen, gerät das Spielbein aus dem klassischen Kontrapost der Kunst (Sie wissen schon: halbnacktes Geschöpf mit Stöffchen über der Schulter, schiefem Becken, entgegengesetzt schiefen Schultern, schiefem Kopf und melancholischer Miene – dort, wo noch etwas vom Gesicht zu erkennen ist ...) in Vergessenheit. Doch ist es genau dieses Spielbein, welches uns jede Entwicklung und Bewegung ermöglicht. Dies gilt zumindest dann, wenn wir bereit sind, unseren Standpunkt zeitweilig aufzugeben, um uns mutig auf etwas Neues einzulassen.

20 Aus dem Song „Erste Schritte (Retrospektive)" der deutschen Hip-Hop-Formation Freundeskreis

21 Corporate Identity (CI) bezeichnet die sogenannte Identität eines Unternehmens. Sie setzt sich aus unterschiedlichen Faktoren wie Kultur (auch Kommunikationskultur), Werten und Zielen, aber auch der Sinn- und Zweckorientierung des Unternehmens zusammen. Sie trifft darüber hinaus Aussagen über die Stellung und Entwicklungsinteressen eines Unternehmens bezogen auf den Markt.

22 Diese Anregung steht in deutlichem Gegensatz zu Will Smiths (US-amerikanischer Schauspieler, Filmproduzent und Rapper) provokanter Aussage, dass es keinen Grund für einen Plan B gäbe, denn der lenke nur von Plan A ab. Mein Vorschlag diesbezüglich: Der Plan A sollte noch so allgemein gehalten sein, dass er Raum für Wegvarianten, Rückmeldungen und spannende Entwicklungen lässt. Bei der Verwirklichung eines Plans lernt man meist so viel Neues, dass sich der ursprüngliche Plan sowieso verändert, erweitert und dadurch meist noch interessanter und lebenswerter wird. Statt eines Plans B geht es also darum im Laufe der Zeit Versionen des A-Plans hervorzubringen. Es wird übrigens gemunkelt, die Reise sei das Interessantere und das Ankommen nur eine nette Zwischenstation ... (http://www.365motivation.de/motivationsvideo/die-erfolgsgeheimnisse-von-will-smith)

23 Siehe hierzu die Arbeit von Albert Bandura zur sogenannten Selbstwirksamkeitserwartung und die Arbeit von Edwin A. Locke und Gary P. Latham zu Ziel- und Leistungsorientierung.

24 „Wieso unbequeme Zeitgenossen?" fragen Sie? Weil es dieses berühmte Kind und das berüchtigte Bad gibt. Öfter mal schütten wir

das Kind weg und behalten das dreckige Wasser. Es erfordert Demut, auch bei unbequemen Erfahrungen und ebensolchen Zeitgenossen genauer hinzuschauen, um das Sinnvolle und Nützliche zu lernen und den Rest geflissentlich zu übergehen, also tatsächlich das Kind zu behalten und das Bad auszukippen.

25 Es ist schwierig, den Kuchen in den Ofen zu schieben, wenn der Teig noch nicht fertig ist. Solche Abhängigkeiten wollen in jedem Projekt berücksichtigt werden. Erst Teig, dann Ofen. Für einen effektiven Projektverlauf lohnt es sich allerdings, möglichst viele Abhängigkeiten aufzulösen und Nebenläufiges einzubeziehen: Wir können den Ofen beispielsweise vorwärmen, während wir den Teig zubereiten.

26 Risikomanagement in Projekten ist ein ziemlich umfassendes Thema. Grundsätzlich geht es darum, potentielle Risiken zu erkennen, im Blick zu behalten und mögliche Gegenmaßnahmen sowie Alternativrouten der Umsetzung anzudenken. Darüber hinaus ist der versierte Projektmanager bemüht, die Auswirkungen des Risikoeintritts abzuschätzen und entsprechend Puffer in die Planung einzubauen. Muss ich hier den Bau des Berliner Flughafens erwähnen?

27 Siehe hierzu auch Prof. Faltins Buch „Kopf schlägt Kapital“

28 Siehe hierzu die Bücher in der Lean-Startup-Reihe von Eric Ries und Ash Maurya

29 Siehe hierzu auch ein sehr interessantes Video „The surprising truth about what motivates us“ (http://www.youtube.com/watch?v=u6XAPnuFjJc) und Daniel Pink's Buch „Drive“.

30 Italienisch: „Das süße Nichtstun“ oder „Der süße Müßiggang“

31 Gemeinhin wird Peter Drucker und sein Management by Objectives Ansatz angeführt, wenn es darum geht, den Ursprung des SMART-Ansatzes auszumachen. Erste Erwähnung findet dieser allerdings in einem Fachartikel von George T. Doran in der November-Ausgabe der Management Review aus dem Jahre 1981.

32 Nach Steve de Shazer und Insoo Kim Berg

33 Siehe hierzu den Begriff der Selbstwirksamkeitserwartung nach Bandura und den Begriff des High Performance Cycle nach Locke & Latham.

34 Traditionelles landwirtschaftliches Gehöft in Südfrankreich

35 Aus dem NLP (Neurolinguistisches Programmieren), das von Richard Bandler und John Grinder in den 70er Jahren entwickelt wurde. „Das Neuro-Linguistische Programmieren ist eine Sammlung von Kommunikationstechniken und Methoden zur Veränderung psychischer Abläufe im Menschen, die unter anderem Konzepte aus der Klientenzentrierten Therapie, der Gestalttherapie, der Hypnotherapie und den Kognitionswissenschaften sowie des Konstruktivismus aufgreift" – Wikipedia 2015

36 Unsere komischen Kommunikationsspiele mit unseren Kindern nennen wir gemeinhin „Erziehung". Diese misslingt oft, weil sich niemand, auch noch so klein, gerne dauerhaft in eine Richtung ziehen oder schieben lässt, die sich nach innerem Empfinden, also Eigensinn, absurd anfühlt. Wenn wir wollen, dass unsere Kinder ihre wundervollen Potentiale produktiv entfalten, dann müssen wir bei uns selbst beginnen und sie durch unser eigenes Beispiel zu solchem Lebensstil ermutigen. In vielen andern Fällen benutzen wir unsere Kinder vor allem, um unsere eigene Lebensverweigerung zu legitimierten. Und, das ist der böse und zynische Humor des Lebens selbst, wir laden unsere Kinder damit nachhaltig zur gleichen Lebensverweigerung ein.

37 Napoleon Hill war ein US-amerikanischer Schriftsteller, der als Begründer des Genres der „Erfolgsliteratur" gilt.

38 Natürlich können und sollen wir offen bleiben für wesentliche Anfragen, die von außen kommen, und im Einzelfall abwägen, welches Bedürfnis bzw. Ziel wichtiger ist: unseres oder das eines wesentlichen andern.

39 Siehe hierzu auch das Buch „Wie ich die Dinge geregelt kriege" von David Allen, dessen Konzepte als GTD (Getting things done) weite Verbreitung in modernen Produktivitätsansätzen gefunden haben. Mindestens ebenso interessant, obwohl er weniger Beachtung fand, ist der Autofocus-Ansatz von Mark Foster. Ich empfehle Ihnen, einen ganz individuellen Cocktail aus unterschiedlichen Selbst- und Zeitmanagementansätzen in Ihren eigenen Stil zu integrieren.

40 Einfacher wäre hier „[...] die Folgen unserer fehlerhaften Planung [...]". Doch genau diese Art von Sprache zementiert unser Selbstbild als Scheiternde, wo wir uns fehlerfreundlich, also rückmeldungsoffen, als Lernende begreifen sollen.

41 Siehe Literaturhinweis Ann Weiser Cornell: Focusing – Der Stimme des Körpers folgen im Literaturverzeichnis

42 Der Begriff „Milchmädchenrechnung“ geht vermutlich auf die Fabel „Die Milchfrau“ von Johann Wilhelm Ludwig Gleim zurück. Erzählt wird die Geschichte einer Bauersfrau, die sich auf dem Weg zum Markt bereits vorstellt, was mit dem Erlös für die Milch alles machbar wäre, dann aber die Milch verschüttet. Eine interessante Geschichte für unseren Zusammenhang, die uns auch darauf verweist, dass wir das Naheliegende (die konkreten Aufgaben und Ziele) im Auge behalten sollen, wenn wir uns auf das Fernere (Projektziel, Traum) zubewegen ...

43 Viktor Emil Frankl war ein österreichischer Neurologe und Psychiater. Er begründete die Logotherapie bzw. Existenzanalyse („Dritte Wiener Schule der Psychotherapie“) und überlebte den Holocaust.

44 Kazimierz Dąbrowski ist meines Wissens mit seiner Theorie der „Positiven Desintegration“ in den Kreisen psychologischer Theoriebildung nahezu vollständig unbeachtet geblieben. Das ist auch verständlich, wenn sich einer anschickt, als sinnvolle Durchgangsstationen zu beschreiben, was in manch psychiatrischer und psychotherapeutischer Abhandlung als final und krankhaft definiert wird. Mehr zu dieser Theorie zum Beispiel hier (englischsprachiger Text): http://en.wikipedia.org/wiki/Positive_Disintegration. Darüber hinaus halten die traditionellen Schriften aller mystischen Traditionen vielerlei Metaphern für diese Initiationsmomente und Durchgangsstationen bereit. Im christlichen Abendland kennen wir beispielsweise die Wüstenerfahrung, das finstere Tal und die dunkle Nacht der Seele. Campbell und auf ihm aufbauend Vogler sprechen vom Irren durch das Labyrinth und den Kampf mit den Kräften der Unterwelt, wenn sie dieses intensive Ringen um Sinn, Lösung und Richtung in den existenziellen Tiefen anhand der großen Menschheitsmythen antiker und moderner Provenienz beschreiben.

45 Watzlawick u. a. haben in ihrem Buch „Menschliche Kommunikation“ die letzte Zuflucht im Konflikt sinngemäß wie folgt formuliert: „Zwei Personen können Einigkeit darüber erzielen, dass sie uneins sind.“ Das geht aber nur, wenn beide Personen frei von der Idee sind, sie müssten unbedingt Einigkeit auf der inhaltlichen Ebene erzielen. Wo der Wechsel auf die sogenannte Meta-Ebene keine Klärung bringt, ist der Konflikt wahrscheinlich schon zu weit eskaliert oder die aufgestauten Verletzungen und gefühlten Entwertungen so immens, dass es erst nötig

ist, wieder Vertrauen in die gemeinsame Beziehung aufzubauen. Manchmal ist dann Abstand nötig. Wenn solche Situationen wiederholt auftreten und wir an der Beziehung festhalten, lohnt sich häufig professionelle Unterstützung durch einen Therapeuten oder Coach, um eine gesündere Streitkultur zu entwickeln.

46 Siehe hierzu auch die spannenden Gedanken zu Traumaverarbeitung und den Reaktionen unseres Organismus in existenziell bedrohlichen Situationen, die Peter Levine in seinem Buch „Sprache ohne Worte“ entwickelt hat. Es bleibt anzumerken, dass wir es als Erwachsene selten mit existenziell bedrohlichen Konfliktsituationen zu tun haben. Es liegt nahe, dass wir unsere Reaktions- und Eskalationsmuster in der frühen Kindheit entwickelt haben, als solche Situationen tatsächlich noch einen massiv bedrohlichen Charakter hatten. Mittlerweile gibt es hilfreiche Werkzeuge, um diese inneren Eskalationsmuster effektiv aufzulösen.

47 Gemeint ist hier die Macht, welche in manchen Kontexten bestimmten Personen zugesprochen wird (Eltern, Lehrer, Vorgesetzte, Gurus, Experten), über richtig und falsch zu entscheiden, während diese anderen (Kinder, Schüler, Mitarbeiter, Anhänger, Laien, Amateure) abgesprochen wird.

48 Aus einem Rilke-Gedicht: „Ich lebe mein Leben in wachsenden Ringen,/die sich über die Dinge ziehn./Ich werde den letzten vielleicht nicht vollbringen,/aber versuchen will ich ihn./Ich kreise um Gott, um den uralten Turm/und ich kreise jahrtausendelang;/und ich weiß noch nicht: bin ich ein Falke, ein Sturm/oder ein großer Gesang.“ Zitiert nach Rilke – Das Stundenbuch

LEITFADEN FÜR LÖSUNGSORIENTIERTES SELBSTCOACHING

LÖSUNGSSCHRITT 1: DAS LÖSUNGSSZENARIO ENTWICKELN

Stellen Sie sich die **Was-Ist-Da-Wenn-Das-Problem-Weg-Ist-Fragen**:

- **Standardvariante**: Wenn das Problem verschwunden ist (ich keinen Liebeskummer mehr habe, ich nicht mehr rauche, ich keine Probleme mit Nachbar Schultze mehr habe), was ist dann stattdessen da?
- **Zeitreise**: Wann in der Zukunft wird das Problem gelöst sein? Wenn ich mich an diesen Punkt in der Zukunft begebe: Woran merke ich, dass ich das Problem gelöst oder die Herausforderung bewältigt habe?
- **Wunderfrage**: Ich lege mich ins Bett und schlafe tief und fest. In der Nacht passiert ein Wunder. Das, was mich bezogen auf das problematische Thema belastet hat, ist auf einmal verschwunden. Am nächsten Morgen wache ich auf, weiß aber nicht, dass ein Wunder geschehen ist, weil ich geschlafen

habe. Was ist das Erste nach dem Aufwachen, an dem ich merke, dass das Wunder passiert ist?

Mit den folgenden beiden Schritten (siehe auch *Lösungsorientierung für Fortgeschrittene*) können Sie Ihre Lösungsvision noch umfassender erschließen. Zum einen können Sie einen Perspektivwechsel vornehmen:

- Woran merkt meine Frau, mein Mann, mein Freund, mein Chef oder mein Kollege, dass das Problem gelöst ist bzw. das Wunder passiert ist?

Zum anderen können Sie eine attraktive **Lösungsvision** entwickeln, die Sie sinnesspezifisch, konkret und selbstinitiierbar (aus eigener Initiative) formulieren. Notieren Sie die Antworten. Wenn negative Antworten kommen, dann stellen Sie sich die **Was-Stattdessen-Frage**:

- Ich bin nicht mehr so traurig. Wie fühle ich mich stattdessen?
- Ich fühle mich nicht mehr so schlapp. Wie fühle ich mich stattdessen?
- Schultze guckt nicht mehr so mürrisch. Wie guckt er dann?

Wenn Sie einen Lösungsaspekt umfassend erschlossen haben, dann gehen Sie mit der **Was-Noch-Frage** über zum nächsten Lösungsaspekt:

- Woran merke ich noch, dass das Problem verschwunden oder die Herausforderung bewältigt ist?

Kommen negative Antworten, dann nutzen Sie wieder die **Was-Stattdessen-Frage**.

Wenn Sie ein attraktives, konkretes und detailreiches Lösungsszenario entwickelt haben, dann priorisieren Sie die unterschiedlichen Lösungsaspekte intuitiv, indem Sie **Priorisierungsfragen** nutzen:

- Welches sind die Aspekte, die einen echten Unterschied machen?

- Welche Aspekte des Lösungsszenarios sind wesentlich, besonders bedeutsam und bringen einen deutlichen Unterschied in der Perspektive?

LÖSUNGSSCHRITT 2: PRÄZISE, KONKRET UND BEWEGLICH

Gehen Sie die Notizen zu Ihrer Lösungsvision durch. Entwickeln Sie ein Gefühl für die wesentlichen Aspekte der Lösung und markieren Sie diese Punkte. Betrachten Sie Ihr Lösungsszenario dann noch einmal genauer unter folgenden Fragestellungen:

- Welche Punkte müssen spezifiziert werden und welche verallgemeinert?
- Welche Aspekte der Lösung sind so speziell und spezifisch, dass sie mir kaum Luft zum Atmen und kaum Spielräume für Experimente lassen?
- Welche Aspekte der Lösung sind noch so allgemein gehalten, dass sie mir kaum Orientierung für das weitere Vorgehen bieten?

Verallgemeinern Sie sehr spezifische Lösungen und legen Sie die wesentliche Bedeutung frei, welche die jeweilige Lösung für Sie hat. So finden Sie Hinweise, auf andere Möglichkeiten und Zugangswege, um das entsprechende Bedürfnis oder Interesse zu befriedigen. Dies tun Sie mit **Verallgemeinerungs- bzw. Deutungsfragen**:

- Was bedeutet mir …?
- Was ist mir wichtig an ….?
- Was gefällt mir an ….?
- Was verspreche ich mir von …?
- Kenne ich das oder Ähnliches auch aus anderen Kontexten oder in anderen Formen?

Spezifizieren Sie allgemeine Antworten, um sie konkreter und damit greifbarer sowie umsetzbarer zu machen (**Spezifizierungsfragen**):

- Was genau meine ich mit ...?
- Was genau mache ich, wenn ich ...?
- Wo genau ist das ...?
- Wann genau ...?
- Woran merke ich, dass ...?

LÖSUNGSSCHRITT 3: EIN BISSCHEN WUNDER – AUSNAHMEN FINDEN

Stellen Sie sich folgende Fragen, um hilfreiche Ausnahmen und Ansatzpunkte für die Umsetzung zu finden:

- Wo war es schon einmal ein bisschen so wie in der Lösungssituation?
- Wo ist es aktuell so oder ähnlich wie in der Lösungsvision?
- Vielleicht nur ein klitzekleines bisschen?
- Vielleicht nur ganz kurz?
- Wo noch?
- Welche ähnlichen und/oder übertragbaren Situationen habe ich durchlebt oder kennengelernt?
- Was habe ich getan, um diese Situationen hervorzubringen?
- Woher kenne ich die Lösungssituation noch?
- Was haben andere Personen getan, um diese konkrete Situation zu schaffen?

Denken Sie auch hier an den Perspektivwechsel.

LÖSUNGSSCHRITT 4: DIE LÖSUNG VERWIRKLICHEN

- Sammeln Sie über fünf bis zehn Minuten alle Aufgaben, potentiellen Probleme und Herausforderungen, die mit der Umsetzung Ihrer Lösung zu tun haben. Lassen Sie dabei die Gedanken schnell und flüssig laufen und notieren Sie diese. Schicken Sie Ihren inneren Kritiker, Ihren inneren Klugscheißer und Ihren inneren Organisator in dieser Zeit in die Kaffeepause.
- Fangen Sie dann an, die unterschiedlichen Punkte unter Zeit- bzw. Umsetzungsabschnitten zusammenzufassen. Klären Sie, in welcher Reihenfolge die Umsetzung erfolgen muss, damit Sie möglichst effektiv vorgehen und mögliche Abhängigkeiten zwischen Zielen und Aufgaben angemessen berücksichtigen.
- Klären Sie, welche Themen- bzw. Aufgabenfelder emotional aufgeladen sind oder Risiken und potentielle Gefährdungen für den Projekterfolg bergen. Klären Sie, zu welchem Zeitpunkt Sie sich diesen Problem- und Fragestellungen zuwenden sollten, um eine effektive und angenehme Umsetzung so gut wie möglich zu sichern.
- Versehen Sie die unterschiedlichen Umsetzungsabschnitte mit einem konkreten Ziel, an dem Sie messen können, wie weit Sie sich dem Ziel genähert haben und ob Sie das Ziel erreicht haben. Und versehen Sie das Ende des Umsetzungsabschnitts mit einem konkreten Datum. So legen Sie sogenannte Meilensteine fest, die Ihnen einerseits erlauben, den Überblick über den Verlauf Ihres Projekts auch in heißen Phasen zu behalten. Andererseits erlaubt Ihnen dieses Vorgehen, wesentliche Schritte, die erst später dran sind, für den Augenblick loszulassen und sich voll und ganz auf die Aufgaben zu konzentrieren, die jetzt dran sind.
- Um den zeitlichen Gesamtumfang Ihres Projektes zu berechnen, schätzen Sie am besten ab, wie lange Sie für die einzelnen Umsetzungsabschnitte brauchen werden (eine Mischung aus Erfahrungswerten und Intuition) und rechnen dann den

geschätzten Zeitaufwand aller Umsetzungsschritte auf. Addieren Sie zum Ergebnis noch einmal 30% dazu, um ausreichend Puffer für unvorhergesehene Verzögerungen und Schwierigkeiten einzuplanen.

- Klären Sie im nächsten Schritt, welche Aufgaben Sie erledigen müssen, um den ersten Meilenstein zu erreichen. Klären Sie, welche Aufgaben von der Zusammenarbeit mit anderen abhängen und in welcher Reihenfolge diese abgearbeitet werden sollten. Damit klären Sie auch, welche parallel erledigt werden können.
- Schätzen Sie den Aufwand für die Umsetzung des gegenwärtigen Teilziels und für die gegenwärtige Aufgabe. So bekommen Sie Dynamik und Struktur in Ihre Umsetzung. Diese helfen Ihnen, innere und äußere Widerstände zu überwinden und mit einer gesunden Spannung zu handeln. Der angenehme Nebeneffekt: Sie schaffen die Grundlage für hilfreiche Rückmeldungen und Erfolgserlebnisse, kommen in Fluss und finden unmittelbar, wonach Sie sich tief sehnen: Intensität und gelassene Produktivität.
- Planen Sie aber auch Leerlaufphasen zur Erholung, Reflexion und Inspiration ein. Auf diese Weise bleiben Sie in Ihrer wesentlichen Spur, achten auf eine angemessene körperliche und seelische Verfassung und finden Zeit für jene Menschen, die Ihnen am Herzen liegen.
- Dann und immer wieder ganz wichtig: Legen Sie los!

LÖSUNGS-TRANSKRIPT „ANJA AM ANSCHLAG"

1. LÖSUNGSSZENARIO ENTWICKELN

„Okay. Selbstständigkeit scheidet im Augenblick aus. Mit den Kindern und unseren finanziellen Verpflichtungen. Das wäre eine Nummer zu groß. Diese Veränderung würde mehr Energie und Zeit kosten, als wir aktuell zur Verfügung haben.

Wiesbaden ist auch keine Option. Selbst wenn wir das irgendwie hinkriegen würden, so hätte ich doch keine Lust, für diese Idioten zu arbeiten. Was soll ich dann machen? Eine neue Stelle suchen? Mit drei Kindern, wer nimmt mich da schon?

Wie geht das jetzt noch mal, wenn ich da lösungsorientiert ran gehe? Okay, erstmal Lösungsvision. Zeitreise klingt gut. Wann könnte das Problem denn gelöst sein? Wenn ich eine neue Stelle angetreten habe. Vielleicht in neun Monaten – die Zeit einer Schwangerschaft. Dann hätte ich den Wechsel vollzogen und hätte mich schon etwas am neuen Ort eingearbeitet.

Also angenommen, es wäre jetzt Juni und ich hätte meine neue Stelle bereits angetreten, wie würde ich mich dann fühlen? Ach nee, falsch, ich soll das ja im Präsens formulieren. Okay, es ist Juni, ich habe meine neue Stelle vor drei Monaten angetreten. Wie fühle ich mich jetzt auf der Arbeit?

Nette Kollegen oder vielmehr Mitarbeiter. Ich habe mein eigenes Büro und eine Leitungsfunktion. Mitarbeiter kommen zu mir, wenn sie Fragen haben und ich gehe manchmal durch meine Abteilung, um zu schauen, was so läuft. Meine Abteilung – das klingt gut. Und hier und da treffe ich mich mit anderen Abteilungs- und Bereichsleitern. Bereichsleiter? Das ist vielleicht doch eine Nummer zu groß. Also Abteilungsleiter.

2. DIE LÖSUNGSVISION VERFEINERN

Ich fühle mich ziemlich wohl. Manchmal noch etwas verunsichert, weil vieles noch neu ist. Aber alles in allem geht es in eine gute Richtung. Oh Mist, es ist eine Vollzeitstelle. Das geht doch gar nicht mit den Kindern! Wie war das denn am Morgen bevor ich zur Arbeit gefahren bin? Genau, da war Julie, unser Au-Pair aus Frankreich. Nee, zu gefährlich. Regula, aus der Schweiz. Die Schweizerinnen sollen doch super Au-Pair-Mädchen sein. Die hat mit den Kindern weiter gefrühstückt und sie dann auf Krippe, Kindergarten und Schule verteilt. Cool. Aber was mache ich mit dem schlechten Gewissen? Ich möchte doch Zeit mit den Kindern verbringen.

Die Qualität hat sich verändert. Meine Arbeit erfüllt mich mehr als früher. Nicht mehr dieses weiche Personalentwicklungsthema, sondern ich mache jetzt etwas Handfesteres. Da bin ich zufriedener, wenn ich abends nach Hause komme. Und habe am Wochenende den Kopf frei für die Kinder.

Nein, das gibt es doch nicht. Das geht doch jetzt gar nicht. Bei dem Gedanken läuft mir eine Gänsehaut den Rücken runter. Ich arbeite gar nicht mehr in einem Unternehmen. Ich leite eine Schwerpunkt-Praxis für Burnout-Gefährdete und -Betroffene. Eine Außenstelle einer psychosomatischen Klinik.

Gibt es so etwas denn schon? Und wenn ja, wo? Oder gründe ich die gerade erst als Mitarbeiterin der Klinik? Oh Gott, oh Gott, da wird mir ja ganz flau im Magen. Ich wollte doch überhaupt nie therapeutisch arbeiten. Oder nicht ausschließlich.

Aber das mache ich jetzt auch gar nicht. Ich arbeite ein bisschen therapeutisch und mache einen großen Teil Organisation.

Dann habe ich ja doch endlich einen guten Grund, die Therapieausbildung in Italien zu machen. Geil! Mit der ganzen Familie einen Sommer nach Italien. Hm, aber da habe ich dann gerade erst die Stelle angetreten. Wie soll das denn gehen?

Wir entwickeln anfänglich erst einmal Konzeption mit Finanzierung und so. Da kann ich dann im Sommer noch ein bisschen weg. Und erst im September machen wir dann den Laden auf.

Das ist genial: Dann kann ich all die vielseitigen Dinge machen, die ich auch als Selbstständige machen würde, und habe doch nicht das Risiko. Und ich sammle unheimlich viele Erfahrungen, die ich später nutzen kann, wenn ich vielleicht doch noch den Schritt in die Selbstständigkeit wage.

Okay. Da muss ich jetzt gar nicht viel tiefer einsteigen. Wie genau und wo genau die Beratungsstelle sein soll, das muss ich dann mit einem potentiellen Arbeitgeber herausfinden. Was jetzt dran ist: Ich muss mal ein bisschen sondieren, ob es da schon Initiativen in diese Richtung bei den Kliniken in der Nähe gibt. Oder ob ich da mit einem Grobkonzept und einem Finanzierungsmodell für meine eigene Stelle auflaufen muss. Ich muss mal mit Holger sprechen, was er von der Idee hält. Mit Au-Pair und so ..."

3. AUSNAHMEN FINDEN

„Wo habe ich das denn schon mal gemacht, dass ich irgendjemandem ein Konzept verkauft habe? Eigentlich noch nie. Auf jeden Fall nicht so etwas Großes. Na ja, ich darf ja auch kleinere Sachen nehmen. Im jetzigen Unternehmen habe ich doch strategische Personalentwicklung eingeführt und damit Strategie überhaupt erst auf die Agenda gebracht. Ich habe dafür gesorgt, dass das Thema Personalentwicklung endlich mal ernst genommen wird.

Wie habe ich das gemacht? Ich habe versucht, mich in die Perspektive der Geschäftsleitung hineinzuversetzen. Ich habe mir Gedanken darüber gemacht, was diese in ihren Entscheidungen leitet. Welche brennenden Themen da gerade auf der Agenda stehen und habe dann meine Argumentation als Teillösung für die größeren unternehmerischen Fragestellungen verkauft. Ich hatte außerdem ziemlich Glück mit dem Timing. Da war noch ein bisschen Geld im Unternehmen und die Geschäftsleitung wollte sich als attraktiver Arbeitgeber für Fachkräfte positionieren. Da kam das Personalentwicklungsthema wie gerufen.

Außerdem habe ich ihre Sprache gesprochen. Die PowerPoint-Präsentation war schon sehr auf deren Erwartung getrimmt. Mit den Schaubildern, mit Zahlen und dem Projekt-Ablaufplan.

Das wären ganz konkrete Ansatzpunkte. Ich könnte mal schauen, für welche Klinik ich gerne arbeiten würde. Ich könnte mir die Köpfe und das Gesamtkonzept mal anschauen. Und vielleicht kenne ich sogar jemanden aus dem Studium, der dort arbeitet.

Und dann könnte ich das Grobkonzept als Kurzpräsentation dort vorstellen. Das ist ein guter Ansatzpunkt. Aber vielleicht würde ein offenes Gespräch mit der Klinikleitung da besser passen. Das sind doch Ärzte. Wie ticken die denn? Der Frage muss ich mal nachgehen.

Und die Stelle selbst. Wo habe ich so etwas denn schon mal gemacht? Das wäre doch ein bisschen selbstständiger als in meinem aktuellen Job. Ah, Mist, Präsens. Das ist doch ein bisschen selbstständiger als in meinem alten Job. Aber vieles ist doch ähnlich.

Und ich habe zwar noch keine eigene Beratungsstelle aufgebaut, aber dafür den Verein für tantrische Meditation während des Studiums. Das war auch ziemlich aufwändig. Und da habe ich auch die Konzeption gemacht, Räume organisiert, den Verein gegründet und Veranstaltungen organisiert.

Wie bin ich damals eigentlich vorgegangen? Gut, ich habe das mit meinem Lehrer besprochen. Und habe die Leute in den anderen Städten gefragt, die solche Vereine bereits aufgebaut hatten. Die haben mir dann auch die Vorlagen gegeben, die ich für die Vereinsgründung gebraucht habe. Und haben mich ganz konkret bei der Einrichtung und bei der Erstellung von Flyern und Plakaten unterstützt.

Das könnte ich natürlich machen. Ich könnte mal schauen, ob es da bei Facebook oder XING eine Burnout-Gruppe gibt, die Sinn macht. Und vielleicht gibt es da Leute, die etwas Ähnliches in einer anderen Stadt umgesetzt haben. Da könnte ich dann mal vorbeigehen und hören, wie es so läuft, wo die Schwierigkeiten liegen, wie die das ganze Projekt angegangen sind.

Und mit dem Au-Pair? Da frage ich mal Angela. Die ist doch selbständige Psychotherapeutin, hat auch drei Kinder und hat schon seit Jahren Au-Pairs. Sogar junge Männer, die sich um die Kinder kümmern. Weil irgendwie fühlt sich das schon komisch an, die Kinder in der Obhut einer anderen Bezugsperson zu lassen. Vielleicht kann ich da mal noch im Internet nach Erfahrungsberichten stöbern. Vielleicht auch mal ein Buch zum Thema lesen ..."

4. DIE LÖSUNG VERWIRKLICHEN

„Puh, da ist ja ganz schön was zusammengekommen. Mit Holger reden. Infos zum Thema sammeln. Kliniken recherchieren. Internet-Foren und -Gruppen zum Thema Burnout ausfindig machen. Therapieausbildungen recherchieren. Mit Angela reden. Grobkonzept entwickeln. Präsentation oder Gesprächsstrategie für Klinikleitung entwickeln. Ansprache und Marketing konzipieren, damit ich überhaupt einen Gesprächstermin bekomme.

Wie gehe ich denn da am besten vor? Also bevor ich mit Holger spreche, sollte ich mich erst einmal mit Angela treffen und das Au-Pair-Thema klar kriegen. Sonst macht der gleich zu und dann gibt es nur unnötig Streit. Wenn ich Holger das Au-Pair-Thema verkaufen kann, dann bin ich schon einen guten Schritt weiter. Beim Thema Beratungsstelle kann ich sicher mit seiner Unterstützung rechnen.

Was sind denn die unterschiedlichen Umsetzungsabschnitte?

- Konzept verkaufen
- Stelle schaffen
- Therapieausbildung machen
- Wissenschaftliche Begleitung starten
- Beratungsstelle einrichten und eröffnen
- Konzept erstellen
- Kinderbetreuung organisieren

Okay, aber das gehört in eine andere Reihenfolge:

1. Kinderbetreuung planen
2. Konzept erstellen
3. Kliniken wählen und Konzept verkaufen
4. Stelle schaffen
5. Kinderbetreuung organisieren
6. Therapieausbildung machen
7. Wissenschaftliche Begleitung starten
8. Beratungsstelle einrichten und eröffnen

So könnte es passen. Und was sind die konkreten nächsten Schritte? Angela anrufen und mal ein bisschen Literatur zu den Themen Au-Pair, Burnout und Beratungsstellengründung recherchieren. Und dann den groben Ablaufplan mit Terminen versehen. Na, dann los!“

LITERATURHINWEISE

Allen, David: Wie ich die Dinge geregelt kriege. Selbstmanagement für den Alltag, Piper Taschenbuch, 2007

Bamberger, Günter G.: Lösungsorientierte Beratung, Beltz Psychologie Verlags Union, 2010

Bauer, Christiane: Ich schaffs! – Cool ans Ziel. Das lösungsorientierte Programm für die Arbeit mit Jugendlichen, Carl-Auer Verlag, 2010

Campbell, Joseph: Der Heros in tausend Gestalten, insel taschenbuch, 1999

Conta Gromberg, Ehrenfried, und Conta Gromberg, Brigitte: Solopreneur. Alleine schneller am Ziel, Smart Business Concepts, 2015

Csikszentmihalyi, Mihaly: Flow. Das Geheimnis des Glücks, Klett-Cotta, 2007

De Shazer, Steve: Wege der erfolgreichen Kurztherapie, Klett-Cotta, 1989

Erickson, Milton H., und Rossi, Ernest L.: Hypnotherapie. Aufbau, Beispiele, Forschungen, Klett-Cotta Verlag, 2007

Faltin, Günter: Kopf schlägt Kapital. Die ganz andere Art, ein Unternehmen zu gründen. Von der Lust, ein Entrepreneur zu sein, dtv, 2012

Frankl, Viktor: ... trotzdem Ja zum Leben sagen. Ein Psychologe erlebt das Konzentrationslager, Kösel, 2009

Furman, Ben, und Ahola, Tapani: Es ist nie zu spät, erfolgreich zu sein. Ein lösungsfokussiertes Programm für Coaching von Organisationen, Teams und Einzelpersonen, Carl-Auer Verlag, 2010

Hartmann, Thom: Eine andere Art, die Welt zu sehen. Das Aufmerksamkeits-Defizit-Syndrom, Schmidt-Römhild Verlag, 2009

Kawasaki, Guy: The Art of the Start, Portfolio Hardcover, 2004

Levine, Peter: Sprache ohne Worte. Wie unser Körper Trauma verarbeitet und uns in die innere Balance zurückführt, Kösel-Verlag, 2012

Maurya, Ash: Running Lean. Iterate from Plan A to a Plan That Works. O'Reilly, 2012

Miller, Alice: Das Drama des begabten Kindes und die Suche nach dem wahren Selbst, Suhrkamp Verlag, 1983

Miller, Alice: Am Anfang war Erziehung, Suhrkamp Verlag, 1983

Palladion, Lucy: Dreamers, Discoverers & Dynamos. How to Help the Child Who Is Bright, Bored and Having Problems in School, Ballantine Books, 1999

Pink, Daniel H.: Drive: Was Sie wirklich motiviert, Ecowin Verlag, 2010

Ries, Eric: The Lean Startup. How constant innovation creates radically successful businesses, Penguin, 2011

Rilke, Rainer Maria: Das Stundenbuch, insel taschenbuch, 1972

Stangl, Anton, und Stangl, Marie-Luise: Lebenskraft. Im Einklang mit sich selbst durch Eutonie und Zen, Schirner Verlag, 2004

Steiner, Therese, und Berg, Insoo Kim: Handbuch Lösungsorientiertes Arbeiten mit Kindern, Carl-Auer Verlag, 2011

Suzuki, Shunyru: Zen-Geist Anfänger-Geist. Einführung in Zen-Meditation, Theseus Verlag, 2001

Vogler, Christopher: Die Odyssee des Drehbuchschreibers. Über die mythologischen Grundmuster des amerikanischen Erfolgskinos, Zweitausendeins, 2007

Watzlawick, Paul et al: Menschliche Kommunikation. Formen Störungen Paradoxien, Verlag Hans Huber, 2011

Weiser Cornell, Ann: Focusing – Der Stimme des Körpers folgen. Anleitungen und Übungen zur Selbsterfahrung, Rowohlt Taschenbuch Verlag, 1999

AUTOR

Martin Wedgwood ist Autor, Vortragsredner, Coach, Trainer und buddhistischer Mönch in der japanischen Soto-Zen Tradition. Er interessiert sich seit Beginn seines beruflichen Werdegangs dafür, wie Menschen ihre Potentiale entfalten, in ihre Mitte kommen und ein gelassenes Leben führen können.
Martin Wedgwood arbeitet mit unterschiedlichen Zielgruppen und einer Vielfalt von Formaten. Er möchte Menschen mit den Prinzipien eines intensiven und gelassenen Lebens anstecken. Weitere Informationen zur Person finden Sie unter:

martinwedgwood.com

Darüber hinaus finden Sie Angebote rund um das Thema gelassene Potentialentfaltung unter:

dasproduktiv.com

Martin Wedgwood ist zweifacher Vater und geschieden. Er lebt mit seiner Partnerin aktuell in Offenburg.

DANKSAGUNG

Natürlich habe ich dieses Buch nicht alleine zustande gebracht. So, wie ich kaum etwas in meinem Leben alleine zustande gebracht habe.

Tom, Martina und ihre wilden Kinder waren so lieb, mir für die erste Fassung eine Schreibzelle zur Verfügung zu stellen, mir den Rücken auf viele erdenkliche Arten freizuhalten und das Projekt interessiert zu verfolgen. Tom war da, als ziemlich viel verschwand und hat mir mit freundschaftlichem Rat und viel Geduld über manche Durststrecke geholfen. Nino hat sorgfältig das Manuskript geprüft und hilfreiche Impulse gegeben. Simone hat mit viel Sorgfalt und Liebe zum Detail Textschnitzer ausgebügelt und mit vielen guten Hinweisen sowie handwerklicher Lektoratskompetenz geholfen, die Konsistenz des Buches sicherzustellen.

Abschließend noch einen Dank an das Buch selbst, das mich vieles über Demut, innere Loyalität und Selbstverantwortung im kreativen Arbeiten gelehrt hat.

Offenburg im April 2015
Martin Wedgwood

Printed in Poland
by Amazon Fulfillment
Poland Sp. z o.o., Wrocław

30410148R00090